性格领导力

觉醒自我、唤醒他人的管理智慧

陈志嵘 ◎ 著

北京联合出版公司
Beijing United Publishing Co.,Ltd.

图书在版编目（CIP）数据

性格领导力：觉醒自我、唤醒他人的管理智慧 / 陈志嵘著 . -- 北京：北京联合出版公司，2021.7（2022.8重印）

ISBN 978-7-5596-5229-4

Ⅰ.①性… Ⅱ.①陈… Ⅲ.①领导学—通俗读物 Ⅳ.① C933-49

中国版本图书馆 CIP 数据核字（2021）第 066428 号

性格领导力：觉醒自我、唤醒他人的管理智慧

作　　者：陈志嵘
出 品 人：赵红仕
选题策划：北京时代光华图书有限公司
责任编辑：徐　樟
特约编辑：李淼淼
封面设计：新艺书文化

北京联合出版公司出版
（北京市西城区德外大街 83 号楼 9 层　100088）
北京时代光华图书有限公司发行
北京晨旭印刷厂印刷　新华书店经销
字数 213 千字　787 毫米 ×1092 毫米　1/16　17 印张
2021 年 7 月第 1 版　2022 年 8 月第 2 次印刷
ISBN 978-7-5596-5229-4
定价：68.00 元

版权所有，侵权必究
未经许可，不得以任何方式复制或抄袭本书部分或全部内容
本书若有质量问题，请与本社图书销售中心联系调换。电话：010-82894445

"Bob
From Helen Palmer
My best wishes

海伦·帕尔默　赠
2012 年 11 月

To Tiger,
A big welcome to the Enneagram teaching groups and for helping to foster the graduates for this evolving worldwide expansion!
Helen Palmer
11/30/2016

陈志嵘：

    欢迎你加入我们的九型人格教学团队，帮助更多的学员聚焦于九型人格在全球的传播和发展。

海伦·帕尔默
2016 年 11 月 30 日

> To Tiger
> With all my heart 2 feel honored that you made the journey to see us.
> Helen Palmer
> 08/10/2019

陈志嵘：

  非常感动，也非常荣幸，你不远万里来与我们相见。

海伦·帕尔默

2019年8月10日

推荐序一

六维+九型，为管理者赋能

九型人格自进入中国起，就引起了我的密切关注。我看到十几年来，九型人格作为一种深层次了解人的理论方法，被越来越多的人接受。九型人格理论解析了每一种人格的特质、不同人格的区别、人格适应和不适应的环境，以及对不同人格的人有益的做法和需要注意的做法，研究起来很让人着迷。不少人会越学越觉得难以把握，学来学去，到了陷进去却出不来的境地，这是为什么呢？

人们都希望用一种万能工具解决一切问题，而九型人格恰恰不是万能工具，它是一种元逻辑的通用工具，解决专业问题还需要在源代码的基础上开发专业工具。这对普通学习者来说，太难了！九型人格的普通学习者和创新者的区别就在于，多数人可以做到九型人格控，也就是狂热的追随者；极少人能做到九型人格plus，也就是跨界的开拓者。陈志嵘老师就属于那极少人——他多年来深耕于九型人格领域，多次到美国学习，所谓"西方取经"；也多次到国外教学，所谓"西进传经"。

在北京大学领导力研究中心的创立过程中，陈志嵘做了大量的研究和实践，成为第一批领导力授权讲师。他曾多次和我探讨这样一个问题：如何完美地将九型人格与领导力结合起来。这次我看到这本《性格领导力：觉醒自我、唤醒他人的管理智慧》，感受到了"九型+六维"的智慧，欣喜异常。我发现，陈志嵘老师已经构建了一个新的体系：以九型解读人性之因，以六维研究领导之果，九因六果集成，为新一代管理者赋能。

由是，我将此书推荐给新一代管理者，更推荐给新一代研究者。

中商国际管理研究院院长

杨思卓

推荐序二

探寻你的心，愿景才会清晰

过去十年，中国经济总量超越日本，制造业规模超过美国。大国崛起，中国的企业家们功不可没。

在多年服务中小企业老板的经历中，我深刻了解到很多中小企业家的优势和短板，也深切感受到这些身处中国经济发展大潮前沿的弄潮儿，在曾经取得一定经济和事业基础之后，现在又面临移动互联网大数据带来的"大变革"时代的考验，从野蛮生长的经济高速发展逐步进入商业新文明的进程。所以从意识到观念、从思维到行为，能否从企业"老板"跃迁为真正的"企业家"，成了这个群体最大的挑战。他们不缺各种"术"的学习机会，他们需要的是对自己独特而深刻的启迪。

性格领导力：觉醒自我、唤醒他人的管理智慧

对一名企业家而言，性格不仅仅决定命运，也决定他的领导风格，而领导风格直接决定企业的走向。了解自己的性格特质，是定位企业方向的重要元素。领导力不是掌控他人，而是影响人们朝向共同目标工作的艺术。发展领导力所具备的基本特质需要自我意识，即认识自己的长处和短处，挖掘自己的潜质，辨识自己的激情所在，在激励自己的同时影响他人，也就是"觉醒自我，唤醒他人"。

非常有幸能和陈志嵘老师一起并肩推动中国企业家的领导力发展计划。与陈志嵘老师的初见，是在醒醒学堂的年会上。他给我的第一印象就是认真、严谨、亲和、谦逊。随着互动的深入，尤其是面对数百位学员分享的时候，他的激情、幽默、睿智让我记忆深刻。在每一次的"性格领导力"课程中，他带领企业家们生动、深刻地自我剖析和探索，把九型人格运用于生活实践、企业经营，这份真实的成长和觉醒赋予了课程最独特的自我探索的价值。

心理学大师荣格曾说："只有当你探寻你的心，你的愿景才会清晰。向外寻找的，迷失在梦里；向内寻找的，觉醒于实相。"多年以来，我在教练的领域探索，陈志嵘老师在九型人格的世界深耕。我们殊途同归，就是在唤醒人们对自我的觉察：认识自我、活出自我、超越自我，从无意识的惯性蜕变成自由的生命。

我特别欣赏陈志嵘老师对人性孜孜不倦探索的精神。无论是从独善其身的自我成长角度，还是兼济天下的企业经营发展角度，都值得我们去研读这本汲取他多年钻研的思想精华和智慧的倾心之作。

愿这本书成为您随时可查的心灵地图和使用工具，照见人性的光芒和至善。让我们信心满满地启航吧！

醒醒学堂创始人兼首席产品官

赵莉华

自 序

从觉醒自我到内圣外王

觉醒自我是你对这个世界最大的贡献；
唤醒他人是你对这个世界最大的功德。

相信很多人都熟悉一句话：性格决定命运！但大多数人很少主动思考性格到底是怎么决定命运的。著名心理学家荣格有一句经典言论："如果我们不能把自己的潜意识变为意识，那么潜意识就会成为我们的命运，指引我们的人生。"什么是潜意识？它是指人们心理活动中未被觉察的部分，是人们"已经发生但并未达到意识状态的心理活动过程"。

从性格的角度去理解什么是潜意识，那就是我们性格的自动化运作模式，是如果不去觉察我们就根本不知道的"已经发生但并未达到意识状态的心理活动过程"。在性格心理学的研究中发现：人的性格（personality）一旦形成，其注意力焦点就自动有了选择性与倾向性，性格的主要特征控制了人能够看到的世界。我们失去了自己在孩童（这里的"孩童"与我们中国文化定义的"赤子"意思相似）时所拥有的那种本体（essence）的能力，这种本体能力让我们用真实的目光来看待世界。我们与本体分离后，开始变得有所选择与倾向，形成了属于自身性格（personality）的世界观，只会对那些支持这种世界观的信息敏感，而这种敏感是完全自动化与无意识的。

性格会引导我们只看到我们需要且喜欢看到的内容，对于其他的事物却视而不见。举个例子，当三个人同时进入一个充满陌生人的宴会大厅，其中一个会想办法让大家看见自己，他在寻找一份认同感，让大家赞美他与认可他；另外一个则产生了巨大的尴尬感与窘迫感，他想到的是能否找一个理由好让自己尽快离开；还有一个的习惯是非常听从自己身体的反应，如果身体感到舒服那就可以很愉快地融入人群，如果身体感觉不舒服那就没有纠结地离开。例子中三个人的表现就是在同一种情境下不同性格的自动化表现。因为性格的自动化运作模式太快、太强大，所以非常不容易被觉察和改变，才会有"江山易改，禀性难移"的古训，进而产生了"性格决定命运"的说法。

如果想活出更多有意识的生命状态，我们必须不断去觉察自己的性格模式，不断去改善我们和自己性格模式的相处关系。在苏菲九型系统中有一句名言，非常大道至简地阐释了我们的性格与本体之间的关系——"带着你现有的记忆和理解，去成为之前的你"。

管理者应该怎样去看见自己、觉察自己呢？我们的建议是，借助有智慧的学问。

老子说："知人者智，自知者明；胜人者有力，自胜者强。"领导力的根本是自我领导力，自我领导力的根本是自我觉醒力，自我觉醒力的根本是觉醒自我的自动化性格运作模式而不被它指引与操控。九型人格就是觉醒自我自动化性格模式的顶级智慧。

什么是九型人格？九型人格是一种性格分类方法。它是一门研究人的自动化性格运作模式的学问。它根据人们不同的思维执念、情绪激情、本能冲动以及深层的心理动机，将人的性格划分为九种类型，每个人的主要性格都归为其中的一种。

在我们的文化中，管理者的最高境界应该是内圣外王。领导者如何做到内圣？就是要不断地觉醒自我，觉醒自己被模式化与自动化的性格模式所指引的人生，从而让自己的生命状态从无明到清醒、从机械到自由、从无意识到有意识，进而扬升生命的质量。管理者又该如何做到外王呢？就是要不断洞悉人性，唤醒他人，激发他人的潜能与天赋，协助他人去突破局限，从而支持他们去成就生命质量。所以我们《性格领导力：觉醒自我、唤醒他人的管理智慧》这本书的目标就是这八个字：觉醒自我，唤醒他人。

现在，就让我们一起进入觉醒自我与唤醒他人之旅吧！

前 言

本书阅读逻辑特别指引

大家一听到九型人格，立即会想到九种性格类型，进而想当然按照从 1 到 9 的顺序阅读。但如果深入了解一下九型人格，你会很清楚九型人格是关于一个圆、三大区和九种性格类型的学问。故从三大区（脑、心、腹）为切入点，比直接从型号切入会更容易让我们明白九型人格的奥妙与智慧。原因很简单，几乎所有的心理学都是在人类三大本能情绪——恐惧、悲伤、愤怒的基础上展开研究的。从九型人格的角度我们知道，人类不愉快的情绪有无数种，但其实核心情绪也就是三种：一是恐惧（脑中心主导），二是悲伤（心中心主导），三是愤怒（腹中心主导）。

心理学又是如何解释恐惧、悲伤和愤怒的呢？恐

自序　从觉醒自我到内圣外王

老子说："知人者智，自知者明；胜人者有力，自胜者强。"领导力的根本是自我领导力，自我领导力的根本是自我觉醒力，自我觉醒力的根本是觉醒自我的自动化性格运作模式而不被它指引与操控。九型人格就是觉醒自我自动化性格模式的顶级智慧。

什么是九型人格？九型人格是一种性格分类方法。它是一门研究人的自动化性格运作模式的学问。它根据人们不同的思维执念、情绪激情、本能冲动以及深层的心理动机，将人的性格划分为九种类型，每个人的主要性格都归为其中的一种。

在我们的文化中，管理者的最高境界应该是内圣外王。领导者如何做到内圣？就是要不断地觉醒自我，觉醒自己被模式化与自动化的性格模式所指引的人生，从而让自己的生命状态从无明到清醒、从机械到自由、从无意识到有意识，进而扬升生命的质量。管理者又该如何做到外王呢？就是要不断洞悉人性，唤醒他人，激发他人的潜能与天赋，协助他人去突破局限，从而支持他们去成就生命质量。所以我们《性格领导力：觉醒自我、唤醒他人的管理智慧》这本书的目标就是这八个字：觉醒自我，唤醒他人。

现在，就让我们一起进入觉醒自我与唤醒他人之旅吧！

前 言

本书阅读逻辑特别指引

大家一听到九型人格,立即会想到九种性格类型,进而想当然按照从 1 到 9 的顺序阅读。但如果深入了解一下九型人格,你会很清楚九型人格是关于一个圆、三大区和九种性格类型的学问。故从三大区(脑、心、腹)为切入点,比直接从型号切入会更容易让我们明白九型人格的奥妙与智慧。原因很简单,几乎所有的心理学都是在人类三大本能情绪——恐惧、悲伤、愤怒的基础上展开研究的。从九型人格的角度我们知道,人类不愉快的情绪有无数种,但其实核心情绪也就是三种:一是恐惧(脑中心主导),二是悲伤(心中心主导),三是愤怒(腹中心主导)。

心理学又是如何解释恐惧、悲伤和愤怒的呢?恐惧由不愉快的感受加上对可怕事件会发生的猜想构成，悲伤由不愉快的感受加上对已发生的可怕事件的看法构成，愤怒由不愉快的感受加上想毁灭某人或某事物的想法构成。

对于上述三种情绪反应来说，这些想法的内容可能源自一个人从童年起任何一个发展阶段到目前为止所拥有的感知和记忆，可能以现实为基础，或者以想象为源头，也有可能两者兼有。

九型人格的脑中心因为害怕失去"安全感"而容易首先启动不愉快情绪：恐惧。脑中心的5号理智型、6号质疑型、7号活跃型为了消除这种不愉快的恐惧情绪，分别重点启用了"隔离""投射""合理化"三种主要的心理防御机制。

九型人格的心中心因为害怕失去"价值感"而容易首先启动不愉快情绪：悲伤。心中心的2号助人型、3号成就型、4号自我型为了消除这种不愉快的悲伤情绪，分别重点启用了"压抑""自居等同""内投"三种主要的心理防御机制。

九型人格的腹中心因为害怕失去"秩序感"而容易首先启动不愉快情绪：愤怒。腹中心的8号领袖型、9号和平型、1号完美型为了消除这种不愉快的愤怒情绪，分别重点启用了"否定""自我麻醉""反向形成"三种主要的心理防御机制。

孔子说："知者不惑，仁者不忧，勇者不惧。""知"通"智"，代表智慧，"仁"代表仁爱，"勇"代表勇气。这句话的意思是，真正的智慧之人是没有困惑的，真正的仁爱之人是没有忧伤的，真正有勇气之人是没有恐惧的。智慧代表的是九型人格中脑区三种型号（5号理智型、6号质疑型、7号活跃型）的最高追求，仁爱代表的是九型人格中心区三种型号（2号助人型、3号成就型、4号自我型）的最高追求，勇气代表的是九型人格中腹区三种型号（8号领袖型、9号和平型、

1号完美型）的最高追求。

另外6号、3号、9号又是九型人格中三个最原始的型号，各自代表了脑、心、腹三大区的中心型号。6号的外化产生了7号，内化产生了5号；3号的外化产生了2号，内化产生了4号；9号的外化产生了8号，内化产生了1号。

根据以上的逻辑说明，为了配合读者更好地理解九型人格理论，所以我们写作的顺序不是按从1到9的顺序，而是按脑—心—腹的顺序，并且每个区的写作顺序是首先中心型号，其次外化型号，最后内化型号。特此说明。

目录
contents

第 1 章　为什么要谈性格领导力 //001
探索性格领导力来"明自己"与"智别人" //003
性格领导力的定义 //005
自测:"明自己"与"智别人"测评 //007

第 2 章　当九型智慧遇上六维领导力 //009
九型人格的起源与发展 //011
掌握九型智慧最重要的三个法则 //018
用九型智慧解读六维领导力 //023
自测:九型人格智慧与六维领导力测评 //033

第 3 章　脑区 6 号质疑型性格领导力提升 //035
6 号质疑型:深思熟虑的狼 //037
6 号质疑型人格的全面解析 //040
快速识别 6 号质疑型人格的"黄金三步" //048
6 号质疑型管理者的领导力优势与局限 //050

6号质疑型管理者的六维领导力素质修炼　　//053

　　管理激励6号质疑型下属的五个技巧　　//056

　　6号质疑型商界名人之经典语录　　//058

　　自测：6号质疑型管理者的性格领导力测评　　//059

第4章　脑区7号活跃型性格领导力提升　　//061

　　7号活跃型：聪明机智的猴子　　//063

　　7号活跃型人格的全面解析　　//064

　　快速识别7号活跃型人格的"黄金三步"　　//069

　　7号活跃型管理者的领导力优势与局限　　//070

　　7号活跃型管理者的六维领导力素质修炼　　//072

　　管理激励7号活跃型下属的五个技巧　　//075

　　7号活跃型商界名人之经典语录　　//077

　　自测：7号活跃型管理者的性格领导力测评　　//078

第5章　脑区5号理智型性格领导力提升　　//079

　　5号理智型：冷静理智的猫头鹰　　//081

　　5号理智型人格的全面解析　　//083

　　快速识别5号理智型人格的"黄金三步"　　//087

　　5号理智型管理者的领导力优势与局限　　//088

　　5号理智型管理者的六维领导力素质修炼　　//091

　　管理激励5号理智型下属的五个技巧　　//093

　　5号理智型商界名人之经典语录　　//095

　　自测：5号理智型管理者的性格领导力测评　　//096

第 6 章　心区 3 号成就型性格领导力提升　//097

　　3 号成就型：积极向上的千里马　//099

　　3 号成就型人格的全面解析　//102

　　快速识别 3 号成就型人格的"黄金三步"　//108

　　3 号成就型管理者的领导力优势与局限　//110

　　3 号成就型管理者的六维领导力素质修炼　//113

　　管理激励 3 号成就型下属的五个技巧　//116

　　3 号成就型商界名人之经典语录　//119

　　自测：3 号成就型管理者的性格领导力测评　//120

第 7 章　心区 2 号助人型性格领导力提升　//121

　　2 号助人型：善解人意的兔子　//123

　　2 号助人型人格的全面解析　//126

　　快速识别 2 号助人型人格的"黄金三步"　//130

　　2 号助人型管理者的领导力优势与局限　//132

　　2 号助人型管理者的六维领导力素质修炼　//135

　　管理激励 2 号助人型下属的五个技巧　//138

　　2 号助人型商界名人之经典语录　//140

　　自测：2 号助人型管理者的性格领导力测评　//141

第 8 章　心区 4 号自我型性格领导力提升　//143

　　4 号自我型：一生找寻的无脚鸟　//145

　　4 号自我型领导者的全面解析　//149

　　快速识别 4 号自我型人格的"黄金三步"　//156

　　4 号自我型管理者的领导力优势与局限　//157

4号自我型管理者的六维领导力素质修炼	//160
管理激励4号自我型下属的五个技巧	//163
4号自我型商界名人之经典语录	//166
自测：4号自我型管理者的性格领导力测评	//167

第9章 腹区9号和平型性格领导力提升　//169

9号和平型：安静平和的大象	//171
9号和平型人格的全面解析	//173
快速识别9号和平型人格的"黄金三步"	//178
9号和平型管理者的领导力优势与局限	//179
9号和平型管理者的六维领导力素质修炼	//182
管理激励9号和平型下属的五个技巧	//185
9号和平型商界名人之经典语录	//187
自测：9号和平型管理者的性格领导力测评	//188

第10章 腹区8号领袖型性格领导力提升　//189

8号领袖型：敢作敢当的老虎	//191
8号领袖型人格的全面解析	//193
快速识别8号领袖型人格的"黄金三步"	//196
8号领袖型管理者的领导力优势与局限	//198
8号领袖型管理者的六维领导力素质修炼	//201
管理激励8号领袖型下属的五个技巧	//204
8号领袖型商界名人之经典语录	//206
自测：8号领袖型管理者的性格领导力测评	//208

目录

第11章 腹区1号完美型性格领导力提升　//209

- 1号完美型：铁面无私的雄鹰　//211
- 1号完美型人格的全面解析　//214
- 快速识别1号完美型人格的"黄金三步"　//219
- 1号完美型管理者的领导力优势与局限　//221
- 1号完美型管理者的六维领导力素质修炼　//224
- 管理激励1号完美型下属的五个技巧　//227
- 1号完美型商界名人之经典语录　//229
- 自测：1号完美型管理者的性格领导力测评　//230

第12章 性格领导力与卓越团队打造　//231

- 从九型智慧看团队发展阶段模型　//233
- 九型智慧与卓越团队打造实战　//236

后记　性格领导力升华　//243

致谢　//246

参考文献　//249

第 1 章
为什么要谈性格领导力

性格领导力——度己达人、创造绩效的能力。

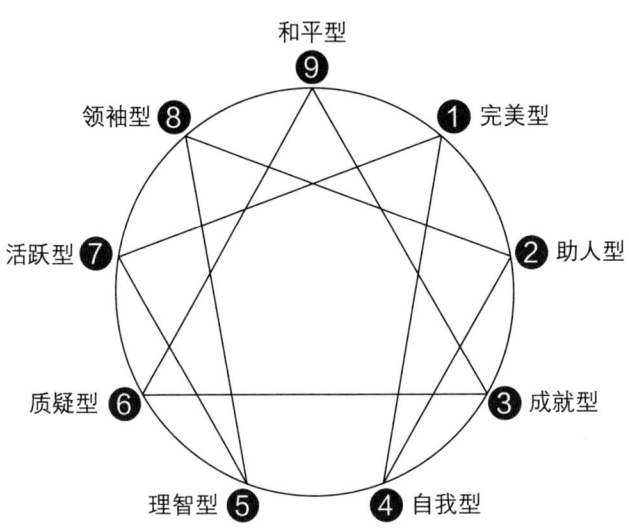

第 1 章　为什么要谈性格领导力

探索性格领导力来"明自己"与"智别人"

作为"领导力"的学习者、践行者以及传播者,我一直保持对"领导力"这个话题的关注与研究。

有一次我读到同行的一篇关于领导力的文章,文章强调领导力就是八个字:"动员团队解决难题"。仔细阅读完后,我觉得作者讲得挺好的,特别是八个字中后四个字"解决难题"。确实,"难题"最终是否得以"解决"是检验领导力强弱的最重要的标准。因为从任何角度去定义领导力,最终都要落在是否"创造绩效"上。

解决难题是目的,那"动员团队"就是方式,这就带出了下一个更重要的问题——管理者如何去动员团队?

古语有云:"服人者,以德服为上,才服为中,力服为下。"所谓上、中、下之分,除了看对当下问题的解决方法如何,还看是否追求可持续性,而可持续性一般会体现为有追随者及追随者可以自动自发地解决问题。

我们观察发现,还真有很多管理者是以"力服"动员团队的。这里的"力服"指的是,管理者动员团队使用的是基于自己所谓位高权重的威逼利诱,甚至是武力、暴力的胁迫。试问,如果你的上司总是"以力服人",你会心甘情愿跟随他去解决难题吗?

当然,也有些管理者是以"才服"动员团队的。这里的"才服",

我们的理解是——管理者用自己扎实过硬的管理技巧与技术才华，乃至以身作则的行事风格动员团队解决难题。相对于"力服"让团队成员"口服而心不服"地去解决难题，"才服"应该可以让团队成员"口服心服"地去解决难题。但如果是想要团队成员"自动自发"地去解决难题，管理者应该怎么做？可能只有用"德服"了。

"德服"指的是管理者通过对自己"正心修身"达到"修己安人"的领导效果，这也完全符合领导力研究者与践行者的一点共识，即领导力的根本是自我领导力。

把"领导力的根本是自我领导力"这一理念解释得最好、最有高度的还是老子。老子在《道德经》中写道："知人者智，自知者明；胜人者有力，自胜者强。"意思是：能够了解知晓别人的人是有智慧的人，能够了解知晓自己的人是高明的人；能够战胜他人的人只是有力量的人，能够战胜自我的人是真正的强者。

通过老子的名言，我们明白了一个很重要的道理——一名"明智"的管理者一定要清楚：搞定自己比搞定别人更重要，或者说想搞定别人，先搞定自己。

那管理者又怎么真正做到明智呢？通过研究整理，我们觉得想要成为明智的管理者，需要重点问自己以下 10 个问题。

"明自己"之灵魂拷问六问：

- 你清楚你的思维局限吗？
- 你决策时容易看漏什么？
- 你能驾驭自己的情绪吗？
- 你情绪的开关在哪里？
- 是什么在阻碍你的发展与突破？
- 什么是你的优势和局限？

"智别人"之灵魂拷问四问：

- 如何找到适合自己的黄金搭档？
- 如何激发不同下属的潜能？
- 如何发挥不同下属的天赋优势？
- 如何领导不同性格的下属？

以上 10 个问题，每一问满分都是 5 分，总分 50 分。作为管理者的你能给自己打多少分呢？请在本章最后的转化作业中完成测试。

性格领导力的定义

通过前面"明自己"与"智别人"的探索，我们终于可以给性格领导力下一个定义了。

性格领导力：度己达人、创造绩效的能力。

不管从什么角度去理解与定义领导力，领导力首先还是一种能力，其终点即"创造绩效"，其方法是"达人"，领导力是通过影响他人解决问题、创造绩效的能力。而以"达人"的方式创造绩效相较于一般的技术能力，有三个"需要"：需要理论与实践的紧密结合，需要理性与感性的平衡升华，更需要技术与艺术的机变融通。我们怎样去实现以上三个"需要"呢？其起点在何处？答案是两个字：度己。欲达人，先度己。

> 大学之道，在明明德，在亲民，在止于至善。知止而后有定，定而后能静，静而后能安，安而后能虑，虑而后能得。物有本末，事有终始。知所先后，则近道矣。

> 古之欲明明德于天下者，先治其国；欲治其国者，先齐其家；欲齐其家者，先修其身；欲修其身者，先正其心；欲正其心者，先诚其意；欲诚其意者，先致其知。致知在格物。
>
> 物格而后知至，知至而后意诚，意诚而后心正，心正而后身修，身修而后家齐，家齐而后国治，国治而后天下平。自天子以至于庶人，壹是皆以修身为本。其本乱而末治者，否矣。其所厚者薄，而其所薄者厚，未之有也。此谓知本，此谓知之至也。

《大学》中修身、齐家、治国、平天下的理念就是"度己达人"的思想。

为什么我们的性格领导力这么强调"度己达人"的思想？这里有中国禅的智慧。在中国禅里很提倡：你度我度，师度自度，唯其自度，方能普度。一名"觉醒自我、唤醒他人"的管理者应该深刻领悟五祖弘忍冒着巨大的风险把六祖惠能连夜送离东禅寺时两人的一段对话——

上船后，惠能说："师父请坐，弟子摇橹。"弘忍不肯，他说："本该我来度你。"这是一语双关，"度"与"渡"双关。惠能却说："迷时师度，悟了自度。"当六祖说出上面这八个字后，五祖觉得自己彻底可以安心交班了。

是呀，迷时师度，悟了自度。自度普度是我们每一个人，特别是管理者的修炼之路。

自测:"明自己"与"智别人"测评

项目		1分	2分	3分	4分	5分
明自己	你清楚自己的思维局限吗					
	你决策时容易看漏什么					
	你能驾驭自己的情绪吗					
	你情绪的开关在哪里					
	是什么在阻碍你的发展与突破					
	什么是你的优势和局限					
智别人	如何找到适合自己的黄金搭档					
	如何激发不同下属的潜能					
	如何发挥不同下属的天赋优势					
	如何领导不同性格的下属					

注:独立思考,诚实面对自己,清醒面对问题。(1分:不清楚或极弱。2分:较弱。3分:尚可。4分:较好。5分:极优。)

第 2 章
当九型智慧遇上六维领导力

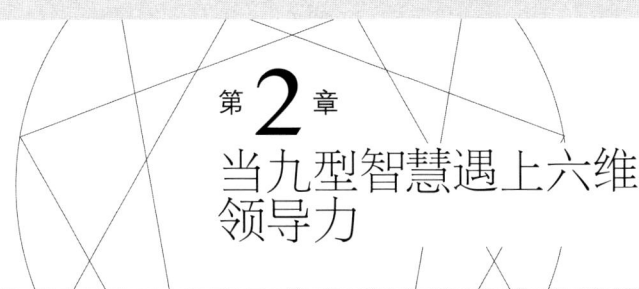

我们相信,当九型智慧遇上六维领导力,定会产生"美酒配佳肴"的美妙体验。

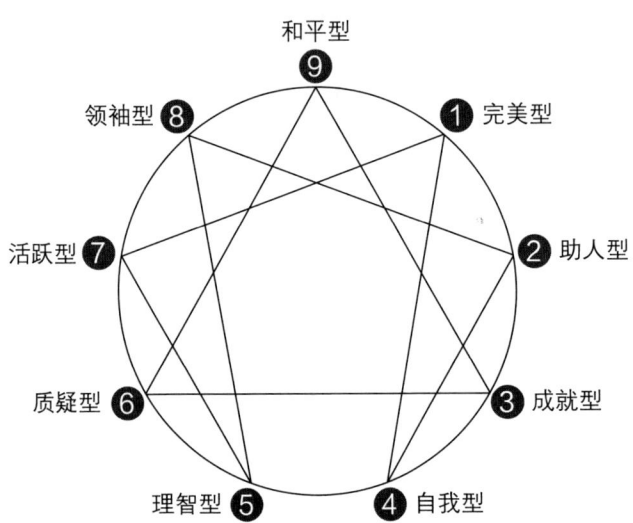

九型人格的起源与发展

九型人格是研究"人"的学问。古希腊阿波罗神庙最著名的箴言是——认识你自己。伟大的哲学家苏格拉底到了老年的时候也不断呼吁道:"人啊,去认识你自己!"曾国藩说:"宁可不认字,不可不识人。"所以说人类一直以来对认识自己都是兴趣盎然的。在研究人方面,东西方各有很多技术与学问,这些技术和学问既有相似之处,又有角度的不同。当然目标都一致,那就是——把"人"给弄明白。

我们把市场上经常会遇到的研究人的技术与学问罗列如下。

西方识人学问:

- DISC 人格测试;
- PDP 人格测试;
- 西洋星座学;
- LIFO 人生取向和职业价值观测试;
- 色彩性格学;
- MBTI 性格类型测试;
- 生命密码;
- 大五人格;
- ……

东方识人学问：

- 易经八卦；
- 四柱八字；
- 阴阳五行；
- 生肖属相；
- 紫微斗数；
- 观人术（面相学）；

……

为什么没有把九型人格放置其中呢？最主要的原因是——九型人格发源于东方，发展于西方。它既有东方道的智慧，又有西方术的严谨。

九型人格一代宗师海伦·帕尔默（Helen Palmer）称赞道："九型人格有什么问题吗？如果九型人格存在什么问题的话，那就是这个系统实在太好用了。"

优酷网前总裁兼首席执行官古永锵是这样评价九型人格的："'九型人格与领导力'是我在斯坦福商学院上的最经典的一门课，也是我最喜欢的一门课，从中能获取很多关于人生、职场的智慧与经验。可以说，九型人格是我研究过的最到位的性格学系统。"

既然九型人格被如此赞誉，我们有必要对它的起源与发展做一个全面的说明。

首先，让我们了解一下九型人格的起源。

据相关文献记载，九型人格来自公元9世纪中亚和波斯地区兴起的苏菲派，其教义解释了人类所具有的九种性格以及不同性格间的相互关系。九型人格的英文名称enneagram来自两个希腊词语——ennea和grammos。ennea代表数字9，grammos的意思是尖角。而九型人格的图（见图2–1）正好有九个角。

第2章 当九型智慧遇上六维领导力

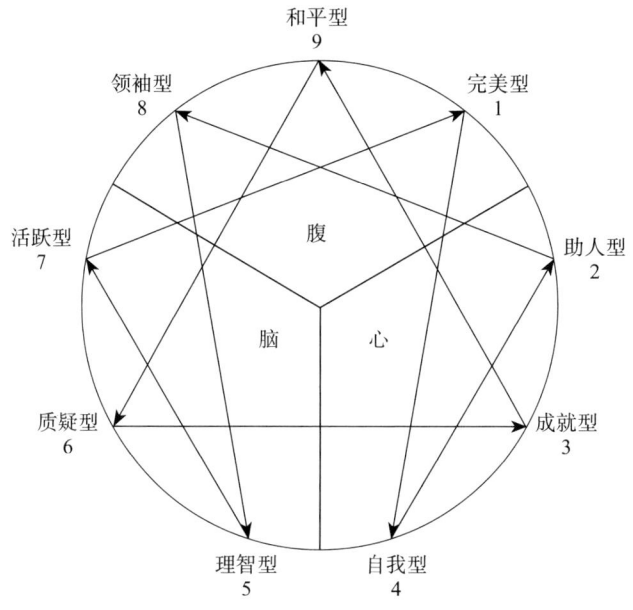

图2-1 九型人格

接下来我们以主要贡献者为脉络,了解一下九型人格的发展历程。

谈到九型人格的传播与发展,无论如何都绕不过被称为"20世纪的达摩"的葛吉夫(Gurdjieff)——把九型人格引入西方的第一人。葛吉夫是俄罗斯人,曾经花费21年的时间游历西亚、中亚、印度、埃及等地区和国家寻求真理,并于1912年起,相继在莫斯科、俄罗斯南部、伊斯坦布尔、柏林等地开展教学工作。他于1922年在法国巴黎郊区的枫丹白露定居并创办"人类和谐发展机构"。

智利心理学家奥斯卡·依察诺(Oscar Ichazo)是九型人格传播史上"承上启下"的人物。

奥斯卡·依察诺在一篇个人记录中描述,他在19岁的时候跟随一位导师学习，其间分别接触了禅宗、苏菲智慧和卡巴拉的基本教义。他后来发现，自己在学习过程中所使用的很多技巧都和葛吉夫的方法相似。奥斯卡·依察诺最终创办了阿里卡学院（Arica Institute）并开始正式教授九型人格。

奥斯卡·依察诺也是第一位给九型人格的九个型号命名的大师。他最重要的贡献在于，他为图形中的每个角找到了对应的性格类型。在这九种性格类型有了正确的位置后，人们才能够解释清楚不同性格的相互关系。

被称为"现代九型人格心理学鼻祖"的克劳迪奥·纳兰霍（Claudio Naranjo）是一位心理医生与精神病学家。他在整合灵性传统与心理学的理论探索和实践方面都是先驱和真正的大师。他的巨大贡献在于，把九型人格与西方心理学理论以及《精神疾病诊断与统计手册》（The Diagnostic and Statistical Manual of Mental Disorders，简称为DSM）相结合。该理论架构在心理健康行业被用于诊断人格动力以及潜在的人格障碍，使九型人格与主流心理学之间的联系进一步密切。

我个人至今所了解的九型人格学派与体系有五个。

九型人格全球学会（Enneagram World Wide）的九型人格专业培训体系（Enneagram Professional Training Program，简称为EPTP），这个体系源自海伦·帕尔默和戴维·丹尼尔斯（David Daniels）共同发起的"口述传统"专业九型人格导师培训计划。

钻石途径九型（The Diamond Approach），这是由灵性大师阿玛斯（A. H. Almaas）创立的钻石途径修炼体系。

苏菲学校（Sufi School），这是苏菲派（al-Sufiyyah）中专门涉及九型人格部分的分支。

SAT（Seeker After Truth），这是由克劳迪奥·纳兰霍主导成立的

第 2 章　当九型智慧遇上六维领导力

九型传播组织。

唐－拉斯（Don & Russ）九型人格培训体系，这是由唐·理查德·里索（Don Richard Riso）及拉斯·哈德森（Russ Hudson）共同创立的九型人格教学体系。

在这里插入一段我个人的九型人格学习经历。我在学习的过程中总能听到一些关于各学派与各体系的争议的话题，比如"鼻祖"的话题，比如传承的话题。为了让九型爱好者尽量少浪费时间去讨论这些问题，而把宝贵的时间放在自我学习与觉察之中，我接下来直接用现代九型人格体系创始人海伦·帕尔默的《九型人格》一书中的一段话把这些争议的问题理一理。

海伦·帕尔默在书中写道：

> 依察诺的九型人格并不完善。他对每种性格做出的结论并不全面，仅仅说明了一种类型的众多特征的某一方面，而且我们也无法把他的描述性语言同心理学术语对应起来。把九型人格分析与现代心理学联系起来的工作，是由另一位智利精神病学家克劳迪奥·纳兰霍完成的。他也参加了阿里卡学院的训练，然后创造性地用心理学思想表述了九型人格的理论。
>
> 纳兰霍是东西方心理意识训练的集大成者，早在他出版《唯一的寻求》一书时，就已经享有盛誉，他对于九型人格学说的研究终于让这门神秘学说与当代西方心理学结合在了一起。他同时让这门学说变得广为人知，让人们可以从他人的故事中找到相似点，从而发现自己的性格类型。

为了获得更多信息，纳兰霍选择那些心理相对复杂的人进行采访，因为这些人更善于描述他们内心和思想上的主要特质。纳兰霍曾经根据这些信息，绘制了九种性格主要心理防御机制的九型人格图。

对于我来说，如果说葛吉夫的理论已经暗示了九型人格的存在，那么依察诺的理论则是对九型人格的发展，而纳兰霍才是九型人格的完成者。如果不是纳兰霍把九型人格与西方类型学对应起来，九型人格恐怕至今还是神秘莫测的。

我本人也是从纳兰霍那里学到九型人格的。他的传授方式依然是传统的口头交流。有一次，他邀请了很多在精神修行方面颇有成就的人，分别对他们进行采访。这些人的讲述给人很大的启发性，他们会讲述自己寻求更高层次意识的原因，以及自己如何在寻求的过程中超越自己。

纳兰霍的研究目的是把九型人格发展成心理分析的工具。但是我的兴趣点并不在于心理学，我关注的是那些精神练习和直觉训练。我想知道同一种性格类型的人是否会对相似的冥想训练感兴趣，我还想知道每种性格类型在训练过程中会遇到哪些典型问题。

从以上海伦·帕尔默的表述中，相信大家对现代九型人格理论发展过程中的传承脉络以及各位大师研究的侧重点都有了一个了解。

现在要重点说明一下国际九型人格协会（International Enneagram Association，简称为IEA）是一个怎样的组织。

20世纪80年代末期到90年代初期，大部分美国的九型人格导师和相关书籍的作者都互不认识。加州北部的海伦·帕尔默与戴维·丹

第2章 当九型智慧遇上六维领导力

尼尔斯决定于1994年夏天在斯坦福大学召开首届世界九型人格大会。建立国际九型人格协会的想法就源自首届世界九型人格大会。一群早期的九型人格导师于当年冬天创办了IEA，创始人总共10位，包括：戴维·丹尼尔斯、海伦·帕尔默、凯西·赫尔利（Kathy Hurley）、帕特里克·奥利里（Patrick O'Leary）、唐·理查德·里索、杰瑞·瓦格纳（Jerry Wagner）、马丽娅·贝桑（Maria Beesing）、特奥多尔·东森（Theodorre Donson）、安德烈亚斯·艾伯特（Andreas Ebert）、拉斯·哈德森。

全球的心理学期刊和报纸大量报道了这次会议，人们从世界各地到来学习九型人格最新的理论及应用，亲身接触九型大师及作者，并共建了一个全球九型圈。IEA后来演变为世界范围内的九型人格交流组织，并每两年举办一次世界九型人格大会，全世界各地的九型人格导师、研究者及爱好者都可报名参加和交流。

九型人格这门如此经典的学问是怎样传入中国的呢？

1996年，香港心理学培训机构以及耶稣修士会邀请美国的九型人格导师进入香港教学，一批心理学爱好者以及培训界人士参与学习了九型人格课程。

九型人格在中国的传播有两位最重要的人物，一位是蔡敏莉（Monita Choi）导师，一位是熊淑宜（Gloria Hung）导师。这两位老师当时都远赴美国求学，蔡敏莉老师重点向海伦·帕尔默学习，熊淑宜老师重点向唐·理查德·里索学习。然后两位导师开始在中国香港进行九型人格的教学与推广。

2003年，蔡敏莉导师在香港教授九型人格多年之后，首次来到内地开设九型人格课程。

2007年，EPTP首先在内地认证九型人格专业导师。

2008年10月2日,国际九型人格协会中国分会成立。分会主要开展九型人格的线上与线下活动,包括两年一次的国际年会、世界服务日、研讨会、主题分享等。国内九型人格的传播与交流进入繁荣时期。

掌握九型智慧最重要的三个法则

我们可以从数学的角度去探索九型人格的神奇之处。九型人格从数学的角度有三个法则尤其重要,它们分别是:一的法则、三的法则和七的法则。

一的法则

什么是九型人格中"一的法则"?首先看一下图2–2。

图2-2　一的法则

从中国文化"道生一,一生二,二生三,三生万物"的说法来看,这个圆就是一,圆代表从无到有,圆是无数个点组成的图形,这里无数个点代表地球上的无数个人。

一生二,代表的是阴(女人)与阳(男人);二生三,代表的是人的三个区——脑区、心区、腹区。三生万物,代表的是虽然我们把脑区、心区、腹区细分成了九种性格类型,找到了九类性格的共性之处,但具体到每一个人,我们还是强调人大于人格。万物中的每一个人都是独立的存在,都有各自的特点。

另外,在九型人格中"一的法则"还有一个更重要的说法是——合一。因为神经心理学非常强调的一个观点是:我们每个人所拥有的本体(essence)与我们所形成的性格(personality)是不同的。而学习九型人格最终的目标就是让我们每一个人通过不断的觉察回到本体。

三的法则

什么是九型人格中"三的法则"?让我们看一下图2-3。

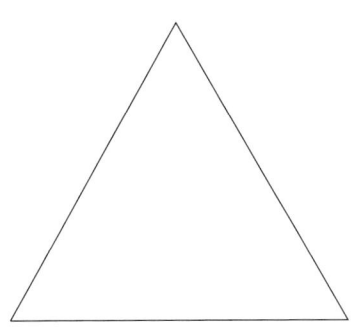

图2-3 三的法则

九型人格结构图中的等边三角形就代表"三的法则"。这个三角形所传达的含义是：任何事物的发生是三股力量（主动力、对抗力、协调力）的必然作用，而不是表面的二元对立。研究九型人格时必须从本能、情感和思维切入。

　　事实上，"三的法则"在很多领域都是存在的。三的法则在中国道家学术里是阴、阳、和；在西方神学里是圣父、圣子、圣灵；在精神学家的术语里是超意识、意识和潜意识；科学家认为是能量、物质和以太；哲学家认为，真实的事物必须在思维、言语和行动上都是真实的；时间有三种时态——过去、现在和将来，人的感知中也只有三种时刻——从前、如今和以后。

　　海伦·帕尔默在教学九型人格时强调："在万物生长的不同阶段，这三股力量会有不同的象征出现，只有准确理解了它们的含义及其相互作用，事物才能发展下去，而不至于绝望地四分五裂。比如，在事物的最初阶段出现的协调力，随着时间的推移将在事物发展的下一个阶段逐渐转变成主动力。

　　从数学的角度看，九型人格图中的由3、6、9三个尖角所构成的中心三角形可以被视为最初状态下三股力量的三位一体，其原始总量是1。用算术的方法把这个1，也就是力量统一体，分成相等的三份，得到一个无限循环数，即 $1 \div 3 = 0.333333$……

　　在我们完全了解了九型人格的象征意义后，我们就会发现它实际上是一个永恒运动的模型，这个九型人格图暗示了事物发展过程中某些隐性的方面，比如在什么时刻，事物需要注入一股新力量来维系生命力。

七的法则

什么是九型人格中的"七的法则"?让我们看一下图2-4。

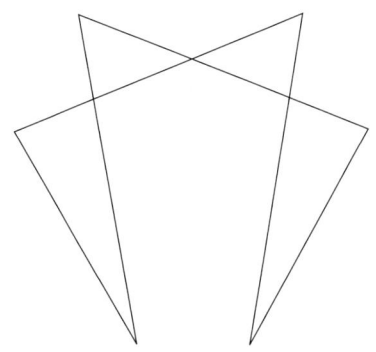

图 2-4 七的法则

"七"这个数字在东方与西方的文化中都特别重要。《周易·上经·复》中写道:"反复其道,七日来复,天行也。"意思是:大自然在道上反复运行,七天重新回来复始。大自然从阴极生阳,或从阳极生阴,都要七天的时间,这是天道运行的规律。

在西方,七的法则又叫八度音阶律则。熟悉乐理的人都知道,音乐中的基本音有七个,从Do开始循环。Do、Re、Mi、Fa、So、La、Si、Do每两个音符之间有两个半音,但Mi和Fa以及Si和Do之间只有一个半音,因此Mi和Fa以及Si和Do之间各产生了一个断层;在这两个断层处必须加入一个额外的力量冲击,它才能按照原来的方向继续前进。

在九型人格图中,图2-3代表了3、6、9三个型号,这三个型号形成了3-6-9-3的能量流动闭环。图2-4代表了1、4、2、8、5、7六个型号,这六个型号形成了1-4-2-8-5-7-1的能量流动闭环。

1、4、2、8、5、7据说是全球最神奇的一组数字，它发现于埃及金字塔。这组数字是谁写的、怎么来的，至今没有人知道。有人研究这组数据后发现，这里面藏了一个魔法数字——7。为什么会是7呢？

第一，7代表的是一个轮回，用所有的正整数（7的倍数除外）除以7，结果都是1、4、2、8、5、7这六个数字的循环。

第二，能被7整除的正整数里面，又有一个规律：

数字1~10之间可以被7整除的数有1个。

数字1~100之间可以被7整除的数有14个。

数字1~1000之间可以被7整除的数有142个。

数字1~10000之间可以被7整除的数有1428个。

数字1~100000之间可以被7整除的数有14285个。

数字1~1000000之间可以被7整除的数有142857个。

神奇的142857又一次出现。

所以，7是这组数字的根本。难怪西方文化如此喜欢7。

中国神话中，女娲创世用了七天，造人是第七天。

佛祖出生的时候先向东方走七步，再向南方走七步，再向西方走七步，再向北方走七步。

西方的上帝创世也用了七天。用亚当的第七根肋骨造夏娃。撒旦有七个原罪。

人有七窍。北斗有七星。一周有七天。世界有七大板块……

我们最后来看，"七的法则"与"一的法则"的关系也可以用数学表示，用1除以7，得到一个无限循环的小数：

$1 \div 7 = 0.142857142857142857\cdots\cdots$ 其中每一位数都不是3的倍数。

所以，整个九型人格图就是一个被分成九个部分的圆形，"三的法则"与"七的法则"被这个圆形融合在一起,并通过内部的连接线条相互作用。

用九型智慧解读六维领导力

前面我们把九型人格是什么、九型人格的发展脉络以及九型人格学问的价值进行了相对全面的阐述。接下来我们要介绍另外一个重要工具——六维领导力模型。

在重点介绍六维领导力之前,我们需要先简单了解一下领导力学说的演进过程。通过我们的研究总结,领导力发展大概经历了三个标志性的阶段。

领导力发展的三个阶段

(1)第一阶段:特质学说

"特质学说"以美国心理学家吉伯(C. A. Gibb)提出的天才领导者应具备七项天生的品质特质为代表。吉伯认为天才领导者应该具备以下七个特质:

① 智力过人。

② 英俊潇洒。

③ 能言善辩。

④ 心理健康。

⑤ 外向而敏感。

⑥ 有较强的自信心。

⑦ 有支配他人的倾向。

这个特质学说曾经特别流行，现在也还有很多领导力的研究者在借用。但这种天才型的领导者是可遇不可求的存在。另外，时代在不断发展，组织分工协作也在细化，不仅需要集大成者的天才领导，也需要在组织各个模块中发挥局部作用的管理者，如果继续按这个标准去衡量与选拔管理者，肯定严重供不应求，适者寥寥。通过观察验证，我们觉得特质学说的第6点和第7点，对于一位卓越的管理者来说还是非常重要的，至于其他的特质，则不作强求。

（2）第二阶段：情境学说

"情境学说"由美国行为学派保罗·赫塞（Paul Hersey）和肯尼思·布兰查德（Kenneth Blanchard）提出。赫塞和布兰查德认为，管理者的管理方式应该根据不同下属的成熟程度的相关情境做出相应的调整。赫塞和布兰查德把下属的成熟度由低到高设定为四个阶段：M1至M4。

M1：这类员工对于执行任务既无能力又没意愿，他们既不胜任工作又不能被信任。

M2：这类员工缺乏能力却有意愿从事必要的工作任务，他们有积极性，但缺乏足够的技能。

M3：这类员工有能力却没意愿做领导者希望他们做的工作。

M4：这类员工既有能力又有意愿去处理让他们做的工作。

情境领导理论模式使用两个领导维度：任务行为和关系行为。每一维度都有高有低，从而组合成以下四种具体的领导风格。

①指示（高任务—低关系）：管理者定义角色，告诉下属应该干什么、怎么干以及何时何地去干。针对这种领导情境，应该采用的领

导风格是 S1 命令式领导，简单理解就是"不讨论，管理者决定"。

②推销（高任务—高关系）：管理者同时提供指导性的行为与支持性的行为。针对这种领导情境，应该采用的领导风格是 S2 教练式领导，简单理解就是"讨论，管理者决定"。

③参与（低任务—高关系）：管理者与下属共同决策，管理者的主要作用是提供便利条件与沟通。针对这种领导情境，应该采用的领导风格是 S3 参与式领导，简单理解就是"讨论，下属决定"。

④授权（低任务—低关系）：管理者提供极少的指导或支持。针对这种领导情境，应该采用的领导风格是 S4 授权式领导，简单理解就是"不讨论，下属决定"。

赫塞和布兰查德的情境领导力是权威的领导力学说，广受政界、商界、学界认可。情境领导力的主要推论是：领导风格应随被管理者的变化而变化。相对于"特质学说"的关注重点在"管理者"身上，"情境学说"的关注重点则在"被管理者"身上。

情境领导力理论将组织内环境做了细分，但组织的竞争是深受外环境影响的，比如在组织的生存阶段和组织面临竞争压力时，衡量领导者能力的标准正是内外两种条件下产出的组织总绩效。因此，在日渐复杂的竞争环境中把领导者定义为个人的能力就不再适用，需要对领导力理论再加以创新。

（3）第三阶段：耦合学说

第三代领导力学说的代表理论——六维领导力，在以上两代领导力理论的基础之上，把影响领导力的另外两个重要元素"外部环境"与"领导集体"考虑了进来。

六维领导力代表的是领导力理论的第三阶段："耦合学说"阶段。

六维领导力是由北大汇丰商学院领导力研究中心原主任杨思卓先生提出的。杨思卓先生通过对宗教、军事、商业、学术等领域的领导力的研究发现，领导力不是单一的力，而应该是一个能力系统。这个能力系统的根本在于"平衡"，因为万事万物的失败都在于失衡。

我们先用一张表（见表2-1）来说明一下六维领导力的发现之旅。

表2-1 六维领导力的发现之旅

		学习力	决断力	影响力	教导力	践行力	组织力
宗教	释迦牟尼	觉察与修行			因材施教		
	耶稣				榜样的力量		
军事	孙子		知彼知己	爱兵如子			治众治寡
	巴顿		当机立断		言传身教	百折不挠	
商业	杰克·韦尔奇	好奇心推动	有勇气做决定	员工拥抱梦想		一致、简单、重复、坚持	
	柳传志		定战略		搭班子		带队伍
学术	沃伦·本尼斯	自我管理	注意力管理	信任管理			
	保罗·赫塞				培养能力	执行任务准备	激活意愿

通过总结以上杰出人物的领导力经验，杨思卓先生画出了六维领导力的模型（见图2-5）。

杨思卓先生对领导力的定义如下：

领导力：以责任（duty）为核心、以目标为导向，激发团队潜能，进而创造组织绩效的能力系统。

领导力为什么是以责任为核心？这个很好理解，领导力的载体是

第 2 章 当九型智慧遇上六维领导力

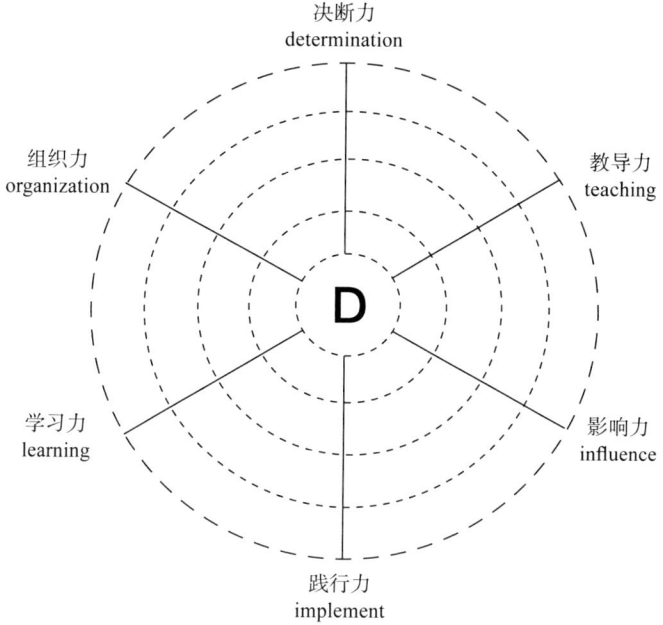

图 2-5 六维领导力模型

管理者,管理者是做什么的?我们的答案是:管理者除了要带领团队成员取得好的绩效,更重要的是要为团队不论好坏的一切结果承担起责任。

管理者要承担起责任,可以通过"三组六力"来实现。

六维领导力的三组六力

(1)第一组力:学习力与教导力

我们称之为"一进一出",进出要平衡。

学习力指的是提升自我、应变创新的能力。

教导力指的是启迪智慧、播种智能的能力。

学习力是众力之首与众力之源，管理者只有不断学习，才有可能不被时代淘汰。在瞬息万变的时代，管理者都应该明白一个道理，以前的"活到老学到老"已经过时了，现在是"只有学到老才有可能活到老"。另外，未来组织的能力呈现为整体能力，管理者不能仅自己与时俱进地学习，还要带动与不断教导下属一起学，继而形成组织先进性，而这就需要未来的管理者具备教导力。

（2）第二组力：决断力与践行力

我们称之为"一思一行"，思行要适度且一致，越庞大的组织越需要如臂使指的整体协作度，以达成"内部交易成本最小化"。

决断力指的是深思度势、英明决断的能力。

践行力指的是引领推动、达成目标的能力。

决断力与践行力这一组力首先强调再英明的决断，如果没有践行与推行，结果也是零；其次说明，"我们一直在努力"也不一定靠谱，因为如果决断错了，执行的高效反而会带来组织效能的耗散，越努力越会造成伤害。

（3）第三组力：组织力与影响力

我们称之为"一刚一柔"，刚柔要相济。

组织力指的是：优化结构、整合资源的能力。

影响力指的是：培植文化、统一思想的能力。

什么是组织力？就是管理者通过对组织内部的组织架构、制度流程、工具等的优化与整合，让组织的绩效达到事半功倍效果的能力。

什么是培植文化、统一思想？一名卓越的管理者必须考虑用品格、思想甚至文化去引领下属。《道德经》更是写道："太上，不知有之；其次,亲而誉之;其次,畏之;其次,侮之。"这应该是对管理者在影响力方面最有高度的总结。

如何提升领导力水平

了解了六维领导力模型后,接下来大家最关心的应该是,一名管理者怎么通过六维领导力来提升自己的领导力水平。先来看一份通过测评得出的六维领导力雷达图(见图2-6)。

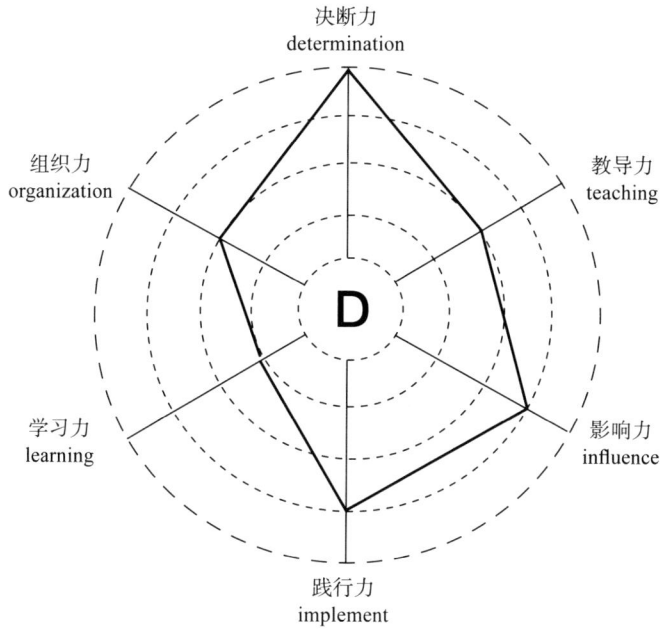

图2-6 不均衡的六维领导力

这位管理者的六维领导力评分为:决断力5分,影响力4分,践行力4分,教导力3分,组织力3分,学习力2分。

在六维领导力课堂，我们经常问学员，如果这就是你的领导力雷达图，接下来你会怎样去提升你的领导力水平？80%以上的学员都回答：首先补学习力，然后补教导力，最后补组织力。也就是从每一组力中找一个最弱的力来补，结果如图2-7所示。

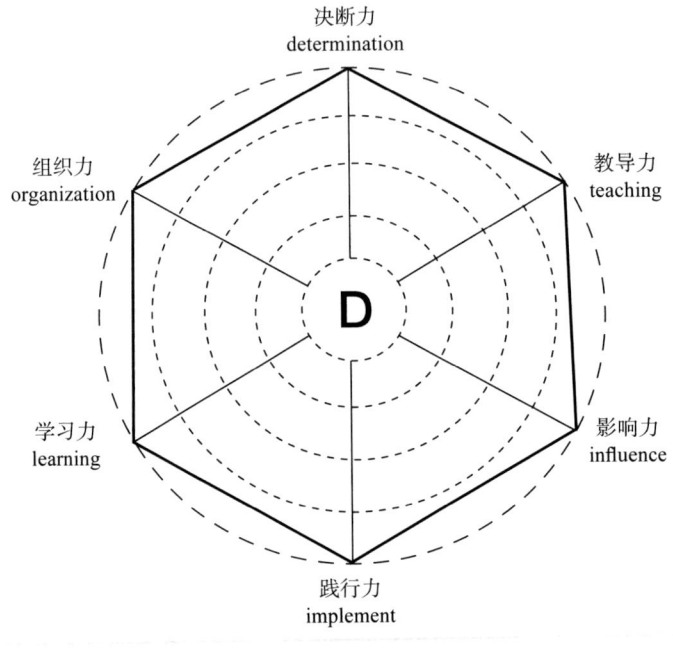

图2-7 平衡的六维领导力

如果是这种补法，那就说明：第一，很多管理者提升领导力水平的思路还是放在自己的短板上，没有思考清楚一个残酷的事实，那就是既然是你的短板，你是没有多大可能把它补到最高分的；第二，很多管理者根本没有考虑如何发挥自己的优势；第三，很多管理者更没有思考自己如何在"领导班子"里去借力互补，也就是靠管理团队中其他成员的对应优势来补齐自己的短板。任正非在接受中央电视台《面对面》栏目采访时，就非常直接地说道："我对短板的态度就是，去你的,我不管了,我只管把自己的长板继续做好,然后再拼一块别人的长板不就行了吗?为什么一定要自己变成一个完整或者完美的人呢?"

所以,我们对管理者的领导力水平提升的建议是:

① 善补不足。这里的善补不是"不补",也不是"狂补",善补的意思是把短板补到及格就行,不能让短板严重拖后腿。

② 发挥优势。优势也就是天赋,我们相信任何一位管理者都一定会有天赋优势的方面。一位管理者如果连自己的优势都不懂得好好利用,这肯定是一件让人感到非常遗憾的事情。

③ 借力互补。我们经常说,事业兴旺需要黄金搭档,什么是黄金搭档?最重要的标准就是,在同心同德基础上的性格与能力的互补,譬如,李云龙与赵刚性格上冲动与谨慎的互补,能力上强执行力与善做计划的互补;比尔·盖茨与史蒂夫·鲍尔默性格上静与动的互补,能力上思考能力与行动能力的互补。

这就是六维领导力强调的"耦合",在追求卓越领导力的过程中,需要把管理者、被管理者、管理团队、管理环境等元素一起考虑进去。

因此,我们需要这样一个能力系统去指导企业拥有耦合式领导集体。这时就会面临一个难题:作为管理者,你怎样才能快速准确地发现领导班子中各成员的优势并加以组合呢?

九型人格就是解决这个问题的良方:如果你能通过九型人格知道自己的性格和了解团队伙伴的性格,然后在"明自己"与"智别人"的基础上画出自己的六维领导力雷达图,你就可以知道如何去善补不足、如何去发挥优势、如何去借力互补,从而以最小的成本全面提升整个组织的领导力水平。

接下来我们就按脑区（核心型号6号质疑型、外化型号7号活跃型、内化型号5号理智型）、心区（核心型号3号成就型、外化型号2号助人型、内化型号4号自我型）、腹区（核心型号9号和平型、外化型号8号领袖型、内化型号1号完美型）的顺序进行全面解析，协助各位管理者找到觉醒自我的路径和唤醒他人的方法。

自测：九型人格智慧与六维领导力测评

1. 九型人格智慧自我认知与测评。

（1）自我觉察一下自己是思考驱动的人，还是感受驱动的人，还是本能驱动的人？最好能举例说明。

（2）请扫码完成九型人格专业测评。

2. 六维领导力18项指标测评。

六维领导力		5分	4分	3分	2分	1分
学习力	自我反省　自我批评					
	创新应变　预见未来					
	通晓业务　融会贯通					

性格领导力：觉醒自我、唤醒他人的管理智慧

（续表）

六维领导力		5分	4分	3分	2分	1分
决断力	全局视野　胸怀大局					
	辩证思维　权衡利弊					
	勇于负责　敢于担当					
组织力	善用组织　人岗适配					
	善用制度　纪律严明					
	善于沟通　协作顺畅					
教导力	训练有素　业绩达标					
	标杆引领　带动团队					
	后继有人　传承有方					
践行力	雷厉风行　执行落地					
	全员承诺　持之以恒					
	结果导向　务求实效					
影响力	公正利他　光明磊落					
	品行端正　堪称楷模					
	凝聚人心　鼓舞士气					

注：独立思考，诚实面对自己，清醒面对问题。（1分：不清楚或极弱。2分：较弱。3分：尚可。4分：较好。5分：极优。）

第3章 脑区 6 号质疑型性格领导力提升

我疑故我在——我是一名强调责任、忧患意识很重的管理者。

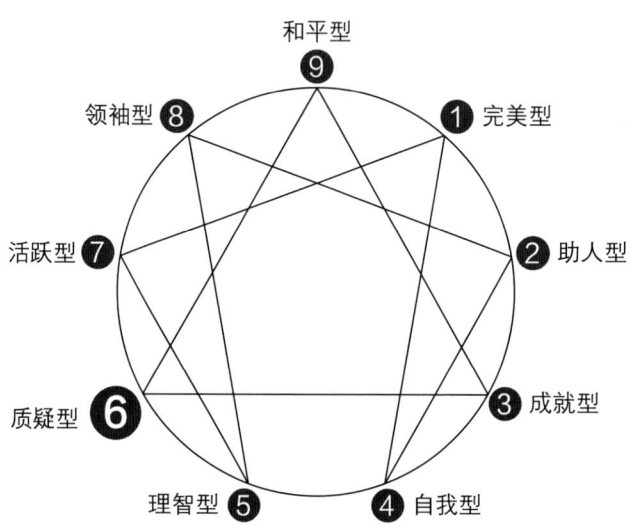

6号质疑型：深思熟虑的狼

九型人格中的6号被称为"质疑型/忠诚型/求证者"。6号生命的意义和价值所在是，"我是可信任的"或"我是忠诚的"。有这样的感觉，他们的基本恐惧才能得以缓解。如果要用动物来对6号的内在深层心理动机和外在行为呈现做个形象的比喻，那"深思熟虑的狼"会是一个很不错的选择。为什么这样说呢？请看以下分析。

深思熟虑

狼群在准备一场追捕活动时，并不会立即行动，它们会先经过一番深思熟虑——追捕的程序如何？分工如何？会出现什么问题？如何解决？等等。然后按照思考的预案来实施追捕活动。在追捕过程中，也不会贸然而动，总是保存实力，把握最佳时机，突然出击，置对方于死地。

在脑、心、腹三个中心里面，6号通常会先启动和最多启用脑区的能量，因此用"深思熟虑"来形容6号再贴切不过了。6号遇事也会像狼一样，不轻举妄动，而是先经过深入的思考、严谨的推理，把问题想明白，自己能够说服自己并且已经做好了最坏的打算，才会采取行动。有 6 号朋友分享说，他常常会不知不觉地处于思考状态，脑子一刻不停地在转，厘清事件各个环节中的逻辑关系对他来说至关重要。

擅做准备，细致周全

狼从不打无准备之仗。狼并不是看到猎物才开始追捕行动的，而是预先做好细致的准备工作，比如踩点、埋伏等。它们善于观察环境、收集资讯，对于地形、天气、猎物的行踪等各方面资料观察精准、准备充分，且事无巨细、面面俱到。

6 号的行事风格与狼十分相似，不打无准备之仗也一直是 6 号的重要人生规条之一。在做一件事的时候，他们通常会细致周全地做好准备，包括观察周围环境、利用各种渠道收集相关资料、准备好自己能想到的可能需要的资源等等。有 6 号朋友分享说，开车走一条新路，他就会记得沿途那些标志物；在公园野餐选址，他会先看是否离水源和厕所较近；出门前一定会把途中所需的各种物品都准备好，哪怕很少用但可能会用的都会带上，以备不时之需。6 号认为失误是不可避免的，但尽可能去规避失误是非常重要的事，所以他们一直追求尽可能周全，将失误控制在最小范围。

具有团队精神

狼有团队精神，狼很少单独作战，如果不得不面对比自己强大的对手，必群起攻之。在捕猎活动中，狼群攻击、打围、堵截，分工明确，组织严密，很有章法。

6号强调团队精神，相信个人的力量是有限的，如果想战胜生活与工作上的挑战，一定要借助团队的力量，所以6号往往信奉团队英雄主义而不是个人英雄主义。也只有身处团队中，而不是木秀于林，6号才会获得安全感。

具备忧患意识

狼很有忧患意识，在寒冬到来之前，会在秘密之地藏好食物，以备冬天不好捕猎时能够维持生存。

6号都是忧患意识极其强烈之人，有些人甚至达到了杞人忧天的程度。在6号的观念里，乐观是表面的，成功是暂时的，坎坷与失败是必然的，危机和风险是时时存在的。所以有6号特质的企业家张瑞敏先生说："我们永远战战兢兢，永远如履薄冰。"他还说："我们不是居安思危，而是居危思进！"并且他发自内心地表达："我每时每刻都存在危机意识，其强烈的程度远超过那些批评我和为我担忧的人所提醒的。"

有自知之明

狼也很想当兽王，但它知道自己不如狮子、老虎。深知自己习性特点的狼最终选择了群居的生活方式，这也是最适合它生存的方式。

6号非常有自知之明。很多6号都分享，虽然自己在面对批评时可能会因为尊严和面子而对抗，但冷静下来后是会自我反省的。低调做人、谨慎做事，是6号遵行的法则。

重视对手

狼重视每个对手，在每次攻击前都会去了解对手，所以狼的攻击很少失误。

6号在九型人格中属于关系迎向组，很在意与别人的关系，希望与对方达成相互信任的关系。因为这种内在的心理驱动力，在与人相处时，6号很希望也很容易洞悉对方的真实想法。很多6号在人际关系中比较敏感，也经常有人说他比较聪明，对方想要什么，他看对方几眼，听对方说几句话，就能猜出七八分。

6号质疑型人格的全面解析

6号质疑型人格的"三观"

世界观：这是一个危机四伏的世界。
人生观：我必须战战兢兢、如履薄冰，才能安全度过一生。
价值观：一个周全、谨慎、本分、负责任的人是值得信赖的。

6号质疑型人格的心理渴望与行为呈现

推崇信守承诺的处世风格，因恐惧而渴望受到保护和关怀，但多疑虑，怕出风头，怕生事端，怕自己力不从心，怕别人虚伪、口是心非，怕事与愿违。

6号质疑型人格的核心特质

（1）理想化形象：我是可靠的／我是忠诚的

6号认为自己处在一个危机四伏的世界，个人的能力不足以应对这么多的麻烦与困难，他们需要得到别人的协助与支持来共同面对这一切。为了精诚合作，必须有契约精神，这种契约精神可以是白纸黑字的书面合约，也可以是以人格担保的口头承诺，故经常挂在6号嘴上的话有"丑话讲在前面"与"先小人后君子"等。6号期待彼此都忠诚于双方的契约或者约定，这是一种对事不对人的忠诚。6号想通过"我是可靠的"或者"我是忠诚的"来换取对方同样的承诺。

（2）基本恐惧：拒绝与被抛弃

不管是"拒绝"还是"被抛弃"，都意味着6号"可靠"与"忠诚"的理想化形象的崩塌。

我们举一个6号的朋友借钱的案例，帮助大家理解什么是6号的害怕"拒绝"与"被抛弃"。

一位6号朋友财务出现问题，急需向身边的朋友借5万元周转一下，他的做法通常有以下三步：

首先，把自己身边有可能借到钱的朋友筛选一下，选定一位不管从财力还是从双方的信任程度都应该可以借钱给他的朋友。

接着，他鼓起勇气约这位朋友见面，但见面后总是不敢直接进入借钱的话题，铺垫了很多别的话题。

最后，他终于鼓起十二分的勇气开口请求对方帮忙，但在开口的一瞬间把5万元降到了3万元，因为对自己在对方心目中的分量还是不够自信。但悲催的事情发生了，对方竟然委婉地拒绝了这一请求，大家可以脑补一下这位 6 号朋友被拒绝时那种被暴击的悲惨状。

"被拒绝"对于 6 号到底有多严重，下面这个 6 号的九型导师在课堂上分享的案例可以说明。

这位导师在读高中时，每周从学校坐班车回家，如果坐到终点站下车，他就要往回步行近一公里的路，所以每次一上车他就开始思想斗争，今天能否当车快到自己家时就鼓起勇气让司机停一下，让自己先下车，但每次都开不了口，他只能懊恼地从终点站往家走上一公里。这样的情况整整持续了三年。

所以通常情况下 6 号能不开口求人尽量不开口，哪怕是一次简单的问路。

（3）关键词：契约与承诺

在 6 号的潜意识里，信任是一个巨大的课题，人如果没有用"契约"与"承诺"来规范和要求，是很容易变得自私自利、不值得信任的。代表"契约"与"承诺"的制度比人更靠谱，所以在以 6 号管理者为核心的组织与团队中，会非常强调制度与流程。

（4）关键词：周全与确定

安全在 6 号的世界是一个满分的词。6 号的逻辑是，虽然自己追求安全，但这个世界不存在绝对的安全，为了尽可能确保安全，人应该不断确定每一个因素，因为所有不确定的因素都有可能导致不安全。

为了安全，必须周全，故 6 号对"小心驶得万年船""三思而后行"以及"事缓则圆"这样的古训特别有共鸣。

（5）关键词：担心与警觉

6号的安全意识实在是太强了，究竟强到什么程度呢？6号的大脑就像装了一个灵敏的安全雷达扫描仪，随时在检测可能出现的安全隐患。故6号对突如其来的信息有一份警觉与担心，对未来的隐患有一份警觉与担心，对周围不正常的动静同样有一份警觉与担心，甚至对别人摸不着头脑的突然提问也会有一份警觉与担心。

6号的警觉与担心让其在人际关系中受到了很大的影响，譬如，6号在面对别人的夸奖时，就很容易产生"礼多必有诈"的想法，怀疑对方的真诚。

6号质疑型人格的思维执念：质疑

所谓执念（又叫固着——fixation），指的是人的一种自动化的思维固化模式。

6号的思维执念是质疑，质疑指的是思维持续处在一种不确定的状态。6号的质疑最容易在以下两种情况下发生。

一是做选择。6号有严重的多项选择恐惧症，因为真的不能确定哪个选项是更周全的，不周全就会有不确定，有不确定性做决定就会有风险，而风险就是6号最敏感在意的事情。哪怕最后做了决定，在做决定的那一刹那也还是会觉得自己有可能选错了。如果后来结果证明选对了，6号会感到庆幸；如果选错了，6号会懊恼不已。

二是听消息。6号是九种型号中负向思维最强烈的一个型号，对任何事都容易想到最坏的打算与结果。所以通常如果别人告诉6号一个好消息，6号的第一反应都是：是不是真的？接下来就是去不断求证是否真的是好消息。但如果别人告诉6号一个坏消息，6号的瞬间反应都是：果然是真的！所以6号的底层心声是——没有消息就是好消息。

6号质疑型人格的情绪激情：恐惧

所谓情绪激情（passion），是一种潜意识的情绪能量，这股能量原始、强大而且自动化，让每个型号都痛并快乐着。

九型人格中有七种情绪激情对应的是古典天主教七大原罪的内容，罪行按严重程度，由重到轻依次为傲慢（对应2号的情绪激情）、嫉妒（对应4号的情绪激情，九型人格中更喜欢用"羡慕"代替"嫉妒"）、暴怒（对应1号的情绪激情，九型人格中更喜欢用"愤怒"代替"暴怒"）、懒惰（对应9号的情绪激情，九型人格中更喜欢用"怠惰"代替"懒惰"）、贪婪（对应5号的情绪激情）、暴食（对应7号的情绪激情，九型人格中更喜欢用"饕餮"代替"暴食"）和色欲（对应8号的情绪激情，九型人格中更喜欢用"纵欲"代替"色欲"）。以上七种情绪激情，再加上6号的恐惧及3号的虚荣，组成了九大情绪激情。各型号情绪激情的详细含义我们后面在对应型号的解析时会分别解读。现在先回到6号的情绪激情——恐惧。

克劳迪奥·纳兰霍在他的书中对于6号的情绪激情写道："恐惧这种激情蕴含着一种强迫性的需求——此需求并非由内在心理或者外部事情所决定——即在各种人际关系和为人处世中，时时刻刻保持一种警觉的状态。因丧失意义而导致的痛苦变成了持久的深层焦虑，这种焦虑通过对好坏善恶的截然区分而得以减轻。面对那种因内心感到迷失和分裂而产生的极度痛苦，6号似乎只能从不停地保护自己、对抗危险中获得慰藉，同时幻想恐惧情绪能确保自己控制局面，预见危险从何处而生和由谁而起。这种极度的痛苦会引导他们去寻找某个敌人,即造成其当前所受伤害的元凶。6号甚至会最终倾向于自责,以免自己在无法掌控的茫茫大海中搜寻而徒劳无功。"

克劳迪奥·纳兰霍还写道:"与9号通过自我遗忘或幻想事实不存在的方式来战胜因分离而产生的焦虑不同,6号对丧失有着令人惊讶的觉察,因此在面对外界不可避免的危险时,他们会强迫性地采取措施来保护自己。"

6号的情绪激情是恐惧,恐惧指的是面对危险时的情绪反应。6号的恐惧是无处不在的,原因很简单:6号潜意识里认为危险是随时随地都有可能发生的。

恐惧对于6号来说有两种情况:一种情况是确实看到了真正的危险,第二种情况是6号想象出来的危险。

6号质疑型人格的主要心理防御机制:投射

在解释什么是6号的投射之前,我们要很正式地引入一个精神分析学派运用得非常多并且非常重要的心理学知识点:心理防御机制。

防御机制(defense mechanisms):精神分析学派用语,最早由弗洛伊德提出,是指从意识层面消除不愉快情感成分的一种心理操作。或者说是将不愉快的情感的某个(些)组成部分(思维、感觉、本能或者三者同时)移到有意识的觉察之外的一种心理操作,目的是保持自我的心理平衡。

葛吉夫将上述所说的"防御机制"称为"缓冲带"(buffers)。他认为:"我们每个人都把自己性格上的负面特征隐藏在了一个精心构建的内在缓冲系统中,这个缓冲系统就是心理防御机制(psychological defense mechanism)。这种缓冲带的存在,让我们无法看到自己性格中的真实力量。"所以九种性格也被称为"九种面具"或者"九种牢笼"。

中国著名的心理学老师曾奇峰先生在他的《从防御的角度鉴赏人格》中写道:"精神分析,或者说心理动力学,其研究的核心之一,就是自我的防御机制。一个人使用哪些防御机制,直接呈现了这个人的人格的强度、稳定度和成熟度,笼统地说就是健康的程度。如果说精神分析是一种人格鉴赏学,那么对一个人的心理防御机制的分析,就犹如通过军队了解一个国家,或者通过一个人的免疫系统功能来了解这个人的体魄。"

曾奇峰老师还写道:"如果说分析别人的防御机制是一种职业行为,那么分析自己的防御机制就是一种修行了。把你自己的潜意识防御上升到意识层面之后,你就知道了凭自己的力量可以攀登多高的山峰,凭自己的耐力可以走多远的夜路,凭自己的胆量能够面对什么样的敌人,以及凭自己的气魄能够担当多大的失败和成功。当然你还会知道,永远不去做你的人格顶不住的任何事情。"

既然心理防御机制如此重要,那它又是如何在九型人格心理学中发挥作用的呢?

海伦•帕尔默是这样比喻心理防御机制的:"我们都知道火车上缓冲器的作用。它们是为了减少车厢之间的碰撞而专门设计的装置。如果没有缓冲器的存在,车厢之间的碰撞震动既不舒服,又非常危险。缓冲器在不知不觉中削弱了碰撞产生的冲击力。在人们的内心世界中也有这么一种装置。这种装置不是自然产生的,而是人们自己设计的,尽管是在一种无意识的状态下。这种心理装置产生于人们自身的矛盾:观念的矛盾、感觉的矛盾、言语的矛盾、行为的矛盾。"

用九型人格的语言来说,心理防御机制的作用就是避免每个型号的基本恐惧，顺便强化每个型号的理想化形象。简单总结是：心理防御机制就是人格自动化的"趋乐避苦"模式。

那么，6号是如何运用"投射"（projection）这一心理防御机制来避免基本恐惧与强化理想化形象的呢？

首先我们解释一下什么是"投射"。《心灵的面具：101种心理防御》一书中提到，投射是心理学中第一个被定义的防御机制，它是由心理学家弗洛伊德在1894年命名的，另外一名心理学家维利克（Willick）在1993年又完善了这一定义。

所谓"投射"，就是凭主观想法去推及外界的事实，或把自己的过错归咎于他人的心理防御术，又称作"外射"。

6号的投射又是怎样产生的呢？6号注意力的盲点就在于他们必须首先用大脑想到甚至想清楚才能行动。6号总是根据自己的想法在现实中寻找依据和线索，他们以为是为了保护自己而对周围环境进行扫描，而实际上只不过是为了证实自己的观点。6号不是在寻找潜在的危险，而是在寻找支持某个观点的证据。这就是对6号投射防御机制的理论解释。

通俗地讲，6号只要一面对自己的基本恐惧，就会呈现出"疑邻盗斧"的自动化模式，从而维护自己的理想化形象。

投射这一心理防御机制保护了6号能正常行走于世间，但它也是6号人格生命扬升的最大障碍，而且如果这一心理防御机制被自动化、无意识的状态太严重，最有可能导致的DSM类型是偏执型。

6号质疑型人格在职场中的行为特点

① 做事风格内敛低调、不张扬。

② 说话绕、不直接、多铺垫。

③ 对权威要么顺从、忠诚，要么反叛、对抗。

④ 追求人和事带给自己内心的安全感、可信赖和踏实感。

⑤ 凡事小心谨慎，三思而后行；没有弄清楚之前，拖延行动。

⑥ 容易从负面角度看问题，不擅长对人和事给予正面的肯定和鼓励。

⑦ 对不了解的人和事不相信，质疑、搜索、判断、求证人和事背后隐藏的动机。

⑧ 和不了解的人交流时，期待收集对方更多的内容和信息，隐藏自己内心的真实感受。

快速识别 6 号质疑型人格的"黄金三步"

首先说明一下，我们在本书中识别各型号用的都是"黄金三步"，分别是：一观气质，二听其言，三问动机。

快速识别 6 号质疑型人格的"黄金三步"如下。

一观气质

观神态：警觉与怀疑的神态。

观张扬度：中。

观目光：警惕、冷峻、游离、躲闪。

观表情：偏严肃。

观肢体语言：拘谨、保守、内敛、僵硬。

二 听其言

（1）听语言模式

说话方式多留有余地，很少把话说满，谨慎中选择中庸之道。很少说"绝对""一定"，更多地用"有可能""也许""大概"这样的模糊辞令。经常会用质疑型语言，反问式对话较多。习惯用逆向思维找出对方语言逻辑中的漏洞，容易挑错。给人一种"如果我们不小心行事，可能会发生不好的事情，甚至是危险的事情"的感觉。

（2）听常用词汇

为什么、万一、有什么问题、可靠、风险、不一定、不确定、遗漏、稳定、稳妥、踏实、周全、全面、怀疑、不相信、不信任、真诚、忠诚、求证。

三 问动机

问信任：对你来说，信任别人有多容易？

问安全：对你来说安全有多重要？不安全的因素有哪些？

问警觉：你会把多少注意力放在潜在的问题或危险上？你会经常保持警觉吗？

问周全：有些人做事比较小心谨慎，事前一定要考虑周全才会去做，会有很多的后备计划，对你来说是怎么样？

问权威：你和权威的关系怎样？

6号质疑型管理者的领导力优势与局限

通过前面的内容,我们对6号质疑型人格有了相对全面的了解,现在可以对6号质疑型管理者的优势与局限进行全面总结了。

6号质疑型管理者的优势

(1)尽职尽责,促成合作

相对于个人英雄主义者,6号是团队英雄主义者。从6号的基本恐惧我们都知道,6号害怕被团队抛弃,他们也深知自己单打独斗不足以面对那么多的困难,所以他们很在乎团队合作与分工协作,推崇团队精神,他们希望大家在一个团队里尽职尽责、通力合作。

(2)忠诚于公司和员工

6号非常在意"契约"与"承诺",因此6号管理者对于自己认同的企业文化会有很强的自觉尊重与践行行为,而对于自己的员工也尽量做到不辜负与不放弃,会经常做出牺牲自己、成就团队的行为。

(3)注重策略,善于反省

6号管理者非常强调预防性的规划策略,他们相信所有问题的解决之道都应该是:事后处理不如事中控制,事中控制不如事前预防。他们有很强的防患于未然的意识,这一特质对于重大项目的安全、有效推进非常有价值。

另外，6号管理者很重视项目结束后的复盘行动，总结值得保留的经验，反省需要改善的细节，为未来其他项目积累经验。

（4）聪明睿智，有逆向思维

6号是脑中心的原始型号，思考与分析能力很强。相对于7号活跃型的跳跃、发散性思维与5号理智型的系统性思维，6号管理者用得最多、最熟练的是逆向性思维。他们总是可以从逆向的角度看到一个观点或者决策的漏洞，并且非常有逻辑地提出来，让对方心服口服地进行调整与修改。

（5）注重理论与实践的结合

脑中心的三个型号都会为了安全性而寻求确定性，只是三个型号寻求确定性的策略各有不同。外化的7号用"体验与实践"来寻求确定性，内化的5号用"理论与研究"来寻求确定性，而原始的6号用"理论联系实践"来寻求确定性。

6号管理者既认为"尽信书不如无书"，也强调如果实践不能转化成理论，那对于工作的指导价值也不会很高。

（6）对问题和困难的预见力

6号管理者的"负向思维"让其容易把注意力放在一个项目的问题与困难上，这会促使他们充分考虑如果问题与困难真的来了，相应的对策会是什么。6号管理者这种对"问题"与"困难"的预见力往往可以使工作项目在进展中有惊无险，保证顺利完成。

6号质疑型管理者的局限

（1）忧心忡忡，优柔寡断

6号管理者容易出现忧国忧民忧天下的状况，担心与顾虑的事情太多，因过分追求周全与稳妥导致优柔寡断。

（2）不喜欢模棱两可

6号管理者渴望一种万无一失的周全，但这个世上万无一失的事情不是常态，一切皆有可能才是常态。6号管理者就不是很喜欢这种一切皆有可能的不确定感，不喜欢模棱两可的情况出现。

（3）自我牺牲，反应过度

6号管理者为了团队的团结与合作，经常会委屈、牺牲自己，同时希望大家至少能看到自己的付出，但当自己的付出被一而再、再而三地无视时，他们就容易反应过度。

（4）不太容易信任别人

6号从小就学会了保持警惕，学会了质疑权威以及身边的人，总是在怀疑别人的动机，很难建立对别人的信任。6号管理者应该学会把想象中的害怕与现实的危险区分开来，学会看到希望，而不仅仅是疑虑。

（5）过度顺从权威或过度反抗权威

6号管理者只要在自动化的性格模式中，一生都将处于"寻找权威—靠近权威—质疑权威—离开权威—再次寻找权威"的循环之中，出现阶段性过度顺从权威或者过度反抗权威的现象。

第3章 脑区6号质疑型性格领导力提升

（6）偏执，容易把自己的想法强加于人

6号通常容易因为太担心安全问题，把自己的质疑演变到了偏执的程度，这个时候的6号怀疑一切，认为只有自己才是正确可靠的，导致其容易把自己的想法强加于人。

6号质疑型管理者的六维领导力素质修炼

请以你对6号质疑型管理者的了解，用"5—4—4—3—3—3"的标准给他们的六维领导力打分，然后看一下专业研究团队对6号质疑型管理者的六维领导力是如何打分的（见图3-1）。

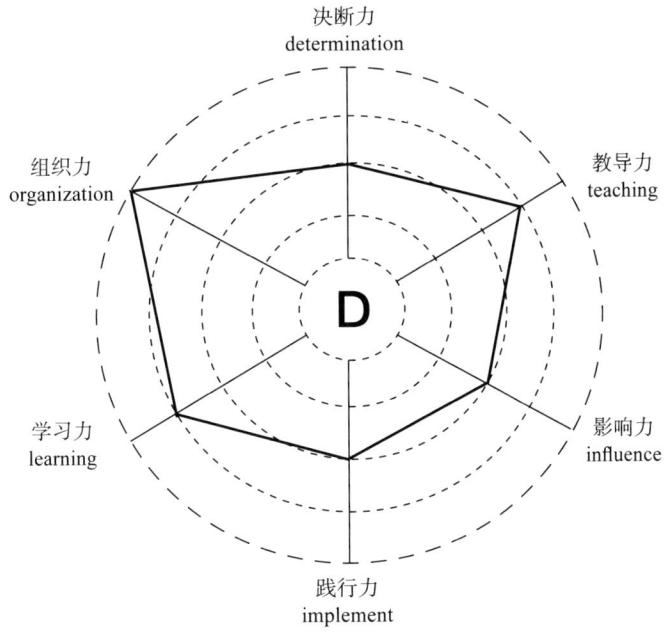

图3-1　6号质疑型管理者的六维领导力

组织力：5分

6号管理者认为制度比人靠谱、流程比态度靠谱。他们会在"人"这个元素太容易变化的基础上把组织架构、制度、流程等都设计好了，从而弥补很多漏洞。所以6号管理者的组织力得5分。

学习力：4分

如果说3号管理者是学以致用，6号管理者就是学以备用。6号管理者非常重视多学习、勤学习，因为未来有太多不可预测的状况，多学习，掌握更多的技能肯定是有备无患的。所以6号管理者的学习力得4分。

教导力：4分

6号管理者强调团队作战，认为所有伙伴的能力都会直接影响团队的战斗力，为了快速提升团队伙伴的能力，6号管理者非常愿意对其加强教导。所以6号管理者的教导力得4分。

决断力：3分

6号管理者过分追求周全，因为总是想最大限度去提高安全系数，导致出现不敢决断与不愿决断的优柔寡断情形。所以6号管理者的决断力得3分。

践行力：3分

6号管理者的思虑、担心太多，太想面面俱到，因而特别容易拖延行动。所以6号管理者的践行力得3分。

影响力：3分

6号害怕被拒绝，故6号管理者不太敢提出要求，不是那种主动说服、促成共识的人。所以6号管理者的影响力得3分。

综上，6号管理者提升领导力有三大方向。

第一，善补不足。

在决断力、践行力或者影响力中找出自己的最弱项（甚至3分都不足的项），通过相应的方法将其补到3分以上。

第二，发挥优势。

组织力是你的强项，用你的周全与稳妥去建立最全面、最科学的组织架构、制度、流程，给团队领导力创造最大价值。

第三，借力互补。

通常短板是自己再怎么努力也难以转化为优势的，有智慧的管理者懂得在发挥自己优势的基础上，向团队其他成员借力。譬如，如果觉得自己的践行力不够强，那你的直接搭档就要有很强的执行力与推行力，从而达到优势互补的效果。

管理激励 6 号质疑型下属的五个技巧

以下总结了在职场中管理激励 6 号质疑型下属的五个技巧。

在危机时刻,唤醒他们的勇气、热情和力量

因为 6 号下属一直有防患于未然的思维习惯,他们总是思考万一工作项目在进展的过程中遇上麻烦怎么办,而且多半早已想好相应对策。所以在团队项目真正遇上问题和麻烦的时候,6 号下属反而比其他伙伴有想法和对策。

明确树立组织或任务的价值、责任和使命

6 号下属有"我疑故我在"的工作状态,经常会因为过分疑虑而不敢大胆行动,但当他们明确一个项目的价值、责任与使命时,自信心会大大增强。

做到公开、诚实、言行一致

6 号下属总是担心潜规则与陷阱,如果管理者做到诚实、言行一致,团队制度做到公开、公正,就可以大大消除 6 号下属的顾虑。

欣赏他们的忠诚、责任感、用心和坚持

6 号下属对团队是非常重视承诺与契约精神的,而且他们是团队

英雄主义的推崇者与践行者。管理者能看到他们的这个特质将是对其莫大的支持与肯定。

给予独有的信任和器重

信任是6号下属一生的追求，他们不是不信任别人，而是在怀疑自身的基础上产生了对外界的不信任。管理者如果能主动告知自己对他的信任，表明期待他担负更重要的任务与责任，可以增强他的自信心，促使他更大胆地去履行责任。

6号质疑型商界名人之经典语录

张瑞敏　海尔集团董事局主席、首席执行官

• 作为一个领导,你可以不知道下属的短处,却不能不知道下属的长处。

• 与狼共舞,必须自己成为狼,而且变成"超级狼"。

• 我们不是居安思危,而是居危思进。

• 我们永远战战兢兢,永远如履薄冰。

• 我每时每刻都存在危机意识,其强烈的程度远超过那些批评我和为我担忧的人所提醒的。

郭广昌　复星国际执行董事兼董事长

• 没有过去就没有未来,复星会立足自己的路径摸索发展方向。

自测：6号质疑型管理者的性格领导力测评

1. 自我觉察以下两个问题：

（1）被他人所信任或信赖，对你来说有多重要？请举例说明。

（2）安全对于你来说有多重要？不安全的因素有哪些？请举例说明。

2. 如果你自己就是6号质疑型管理者，请给自己画出六维领导力雷达图。如果不是，请给身边一位疑似6号的管理者画出他的六维领导力雷达图。打分标准为：最高分5分，最低分1分。

第 4 章

脑区 7 号活跃型性格领导力提升

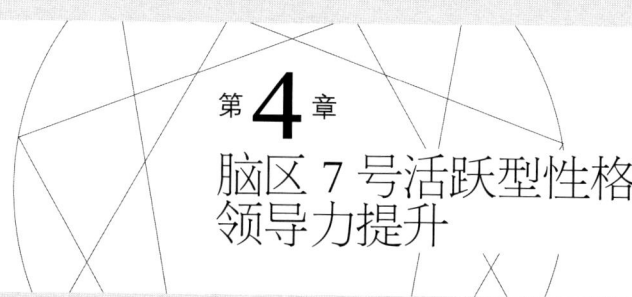

我乐故我在——我是一名积极乐观、拥抱变化、活力四射的管理者。

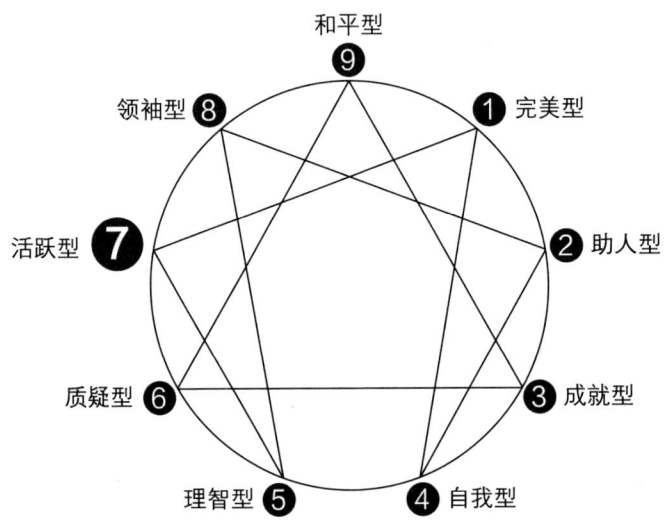

特别鸣谢梁琨老师对本章内容校稿的支持,她是嵘思享九型人格学院 7 号嵘导师。

7号活跃型：聪明机智的猴子

在九型人格中，7号被称为"活跃型"，也叫"享乐主义者"。7号认为，人来到这个世界上快乐是最重要的，所以7号的深层心理需求是："我是快乐的"。为了快乐，他们不断体验各种"新、奇、特"的事物，从而给人"活泼好动"和"兴趣广泛"的印象。当遇上麻烦与困难时，他们又会用"灵活机智"来化解；而遇到痛苦时，他们特别擅长用乐观正向的合理化思维来逃避痛苦。

如果要用一种动物来比喻九型人格中的7号，那么非聪明机智的猴子莫属。

活泼好动

猴子非常好动。在九型人格中，7号的活泼好动也是首屈一指的。有7号朋友分享，他们小时候通常都是让家长和老师头痛的"多动症"小孩。很多7号到了老年也依然活泼好动，金庸小说《射雕英雄传》中的"老顽童"就是典型的7号。

通过研究我们发现，7号朋友的好动有两种比较典型：

其一，确实坐不住，大脑与身体必须一起动。

其二，身体如不动，思维必须动。也就是说7号即使身子不动，脑子也会不停地转，很少发呆，甚至有一位7号朋友说他从来就不知道什么叫"发呆"！

灵活机智

猴子几乎就是灵活机智的代名词，人们形容某人特别精明通常都说：这人精明得像只猴子。

在九型人格中，7号也以精明、灵活、机智、反应快而著称。通过研究我们发现，7号的思维模式主要以发散、跳跃式思维为主，他们的思维不容易被条条框框束缚住。7号也特别害怕被束缚和被限制，所以他们在面对问题与麻烦时通常都是最快找到答案的人。

兴趣广泛

猴子是杂食动物。

在生活中，大多数7号朋友也都是希望遍尝天下佳肴的美食家。7号朋友不仅对美食有浓厚的兴趣，他们在很多方面都有涉猎。通过调查我们发现，也许是7号的兴趣十分广泛，也许是7号很好动不愿受束缚，总之，7号是九型人格中从事的行业或岗位种类最多的一个型号。

7号活跃型人格的全面解析

7号活跃型人格的"三观"

世界观：世界充满了机会与选择，我憧憬未来。

人生观：我要活出拥有丰富人生体验的人生。

第 4 章 脑区 7 号活跃型性格领导力提升

价值观：有趣的灵魂就是要拥抱变化，不断体验，不断创新。

7 号活跃型人格的心理渴望与行为呈现

活泼开朗、精力充沛、兴趣广泛，时常想办法去满足自己想要的。爱玩、贪新鲜，怕做承诺，渴望拥有更多，倾向逃避烦恼、痛苦和焦虑。

7 号活跃型人格的核心特质

（1）理想化形象：我是快乐的

对于 7 号来说，自己未必要成为 No.1，或者在任何时候符合所有人的期待，只要达到自己和外界都能接受的基准线即可。过分追求"好"的程度会让 7 号感到被限制，相反，达不到基准线也会给 7 号带来一些麻烦，这些都是 7 号不想要的。

为了维护"我是快乐的"的生命状态，7 号会尽量让自己处于比上不足、比下有余的处境。

（2）基本恐惧：限制与痛苦

对于 7 号来说，限制会直接带来痛苦，所以 7 号对限制和局限非常敏感，比如规则、选择（少或无）、责任、承诺，以及其他受局限的方面。同时，7 号非常善于突破常规、打破局限。

（3）关键词：新鲜与有趣

7 号的注意力经常会被新鲜、有趣、刺激的事物吸引，喜欢身体能量的迸发，喜欢冒险的兴奋，喜欢精神上的刺激，喜欢惊奇的体验。有时候一些他人看上去并不认为多么有趣的事，也能以它独特的点吸引7号并令其乐在其中。

（4）关键词：选择性思维

对7号来说，各种选择的集合意味着自己可以不被限制在一件事情上，他们的脑海中总是同时有好几件事情在进行，他们的注意力似乎总是可以同时朝着几个不同的方向发展。

（5）关键词：自恋

海伦·帕尔默曾经说过，7号是温柔的自恋者——他们认为只要是能让自己感到高兴的事，同样也会让其他人感到高兴。7号常常自以为对他人的感受十分敏感，但实际上他们并不了解那些反对他们的人。

7号活跃型人格的思维执念：计划

7号的思维执念是计划，意思是：持续处在"我准备"的思维固着状态。

7号的脑中堆满各种计划，只为让自己不空下来，落空的空虚感是7号很恐惧的。

7号希望每一天都是充满各种可能的，无论工作还是生活，都最好不要被无聊和厌烦占据，所以他们总是不断做计划。有时候7号会沉浸在对计划的想象中，仿佛自己已经在实施了一样。然而，并不是每个计划都被认真对待和实施。

因此，7号的劣势之一就是不落地，想法很多但是付诸实施的太少。所以7号要在这一点上做功课，既能有丰富的对于未来的展望，也能脚踏实地做好手头的事，体验实实在在拥有的成就感。

7号活跃型人格的情绪激情：饕餮

克劳迪奥·纳兰霍在书中写道："贪食是一种总想品尝世上一切事物的无法自控的欲求（激情）。贪食是不经消化、狼吞虎咽般地品尝，意味着只接受这世界最激动人心和最令人愉悦的方面，而最重要的是，要轻而易举地将一切使人受伤痛苦的和错误的事情拒之门外。为了避免感到空虚，7号用愉悦的体验和刺激来充实其口腹，进而培养出一直满足于事物肤浅表象的强大能力。7号认为他们可以用虚幻的精神层面来填补内心的虚空，并且这种精神层面是由多种分心行为构成的。要在寻求刺激中获得快乐，就要做到不断行动，这种行动使7号对那些摆在他们面前的缺陷和挫败视而不见。如果失去了某物和某人，他们只需要继续寻求下一个令人愉悦的刺激就好了。"

在西方把7号的情绪激情表达成"贪食"，但中国"饕餮"的表达应该最传神。《吕氏春秋·先识览》写道："周鼎著饕餮，有首无身，食人未咽，害及其身，以言报更也。"饕餮是一种只有头没有身体的怪物，吃人的时候还未来得及咽下去就已经害了自己的身体。

现实中的7号就很容易出现这种饕餮状态——对当下的体验还等不及享受，就忙着去体验更新鲜的。所以我们把7号称为享乐主义者其实并不精准，因为饕餮完全是一种表面的占有，实质上根本没有任何一个时刻是真正在享乐的。

7号活跃型人格的主要心理防御机制：合理化

7号的心理防御机制叫作"合理化"（rationalization），意即当某一个追求的目标不能实现时，他们会找某些理由为自己开脱，使自己在心理上得到安慰，有时也会找出一些借口来掩饰自己的行为和不愿承认的事实。"酸葡萄"心理和"甜柠檬"心理就是典型的合理化行为："别人的葡萄都是酸的"（我没有的时候），或者"我的柠檬就是甜的"（我的可能不是最理想的时候）。7号经常运用的一种合理化行为是"推诿"，譬如，王太太的儿子这周考了100分，她说："我儿子就是聪明！"下周儿子在学校犯了错误，老师打电话告诉王太太，晚上老公一回到家，王太太说："老王，你儿子怎么这样，你也不好好管管？"

7号的合理化防御机制同样是本型号"趋乐避害"的模式，运用得当可以保护自身，过分运用则容易诱发精神疾病，最有可能导致的DSM类型是自恋型。

7号活跃型人格在职场中的行为特点

① 工作气氛调节专家。
② 凡事有很多计划，很多可能性。
③ 发散性思维，点子多、脑筋灵活。
④ 做事容易三分钟热度，虎头蛇尾。
⑤ 难以长期坚持一件重复性的工作。
⑥ 讨厌照本宣科，愿意尝试新奇及有创意的方案。

快速识别 7 号活跃型人格的"黄金三步"

快速识别 7 号活跃型人格的"黄金三步"如下。

一观气质

观神态：随性的、灵动的、变化的。

观张扬度：高。

观目光：活泼、灵活、狡黠、有神，但有点儿散和飘。

观表情：放松、夸张，笑容灿烂。

观肢体语言：夸张、活泼、丰富。

二听其言

（1）听语言模式

说话内容跳跃，能言善辩，语不惊人死不休。喜欢插嘴、制造话题，善于找理由，为自己做合理化辩解，易打岔跑题。谈话内容集中在积极、向上、新奇的信息上，涉猎范围广。

（2）听常用词汇

新鲜、好奇、快乐、很闷、无聊、不好玩、兴趣、喜欢、变化、约束、我准备。

三问动机

问新鲜有趣：我们身边有些朋友对新鲜、有趣的事情特别感兴趣，你是这样的人吗？请举例说明。

问选择：有很多不同的选择、很多的可能性，对你来说有多重要？

问计划：我们身边有些朋友为了逃避空虚与无聊，会在头脑层面计划很多的事情，你是这样的人吗？

问限制：你怎么看待限制？如果被限制了，你会做些什么？

问痛苦：你怎么看待痛苦？面对痛苦你会做些什么？

7号活跃型管理者的领导力优势与局限

通过前面的内容，我们对7号活跃型人格有了相对全面的了解，现在可以对7号活跃型管理者的优势与局限进行总结了。

7号活跃型管理者的优势

（1）富有想象力和创造力

7号管理者思维天马行空，心态乐观爆棚，他们欢迎新生事物，拥抱变化，是富有想象力和创造力的一群人。

（2）满腔热情，兴趣广泛

7号管理者喜欢变化，讨厌一成不变，他们对于改变现状、体验不同事物总是满腔热情，而且涉猎广泛。

（3）好奇心和求知欲强

好奇心一直是驱使7号行为的原动力。对于7号管理者来说，了解、体验不同事物是一件让人兴奋的事情,所以他们也有极强的求知欲。

(4)迷人可爱,乐观向上

7号是九型人格中具有很强自恋倾向的型号,被海伦·帕尔默称为"温柔的自恋者"。7号会去那些可以随心所欲的地方。7号管理者认为,只要是能让他们感到高兴的事,同样会让其他人感到高兴,所以他们总是乐于在团队中分享喜悦。

(5)能同时处理很多工作

7号管理者有一项特殊天赋:一心多用。从性格的角度讲,7号很害怕空虚,他们必须把每一段时间都填满,这无形中培养了其能同时处理很多工作的能力。

(6)思维敏捷,善于逻辑分析

6号内化的5号在思考方面特别在意深度,而6号外化的7号在思考方面特别在意速度。7号管理者的思维是发散的、跳跃的,特别敏捷。而且7号管理者还是逻辑分析高手,特别是当他们需要用自己的强大逻辑去说服别人的时候。

7号活跃型管理者的局限

(1)容易冲动,做事没有重点

7号管理者的思维变化太快,情绪激情是"饕餮",所以很容易有冲动做决定和做事没有重点的情况。

（2）个性叛逆，不易控制

7号太追求自由，不喜欢被限制、被约束。所以7号管理者个人及其所带领的团队都会出现个性叛逆、不易控制的情况。

（3）逃避主义倾向

7号的心理防御机制是合理化，他们总是希望面对开心、快乐的事情，而对于痛苦、失败、无聊的事情能逃则逃、能躲则躲。所以说7号管理者有逃避主义倾向。

（4）对负面评价反应过度

7号管理者是超级自我的人，很多时候只有他们评价、批评别人的份，而别人不能评价他们。他们对负面评价还是非常敏感的。

（5）不喜欢循规蹈矩

7号管理者过于追求无拘无束的生活与工作状态，他们做事经常不太按常理出牌，他们是最不喜欢循规蹈矩的一群人。

（6）爱给自己的错误找借口

承认错误就意味着自己不够聪明，这对7号管理者来说是有着巨大挑战的，所以他们容易给自己的错误找借口。

7号活跃型管理者的六维领导力素质修炼

请以你对7号活跃型管理者的了解，用"5—4—4—3—3—3"的

第 4 章 脑区 7 号活跃型性格领导力提升

标准给他们的六维领导力打分,然后看一下专业研究团队对 7 号活跃型管理者的六维领导力是如何打分的(见图 4-1)。

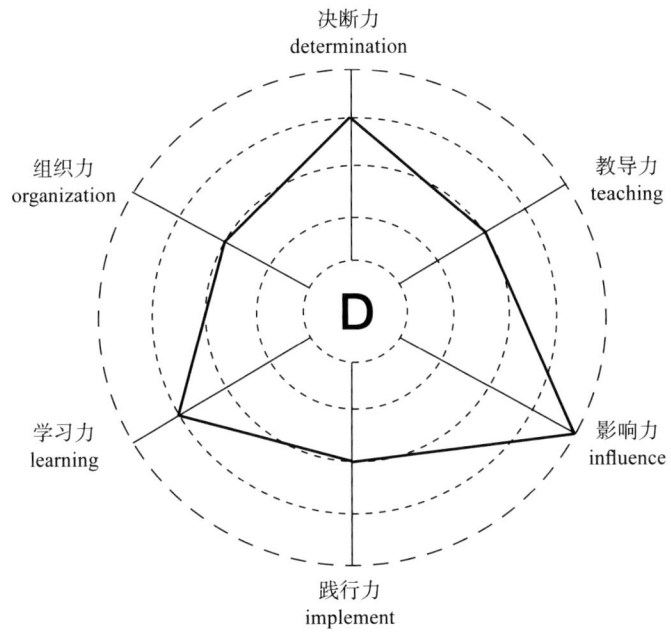

图 4-1 7 号活跃型管理者的六维领导力

影响力:5 分

7 号管理者是特别自信甚至自恋的人,他们很会利用自己的"三寸不烂之舌"去感召、影响自己的团队甚至客户。更重要的是他们积极、乐观,充满正向能量。所以 7 号管理者的影响力是 5 分。

学习力:4 分

7 号管理者的学习力能有 4 分,理由有两个。一是 7 号性格的人对新生事物永远保持一种好奇心，去拥抱、去学习、去体验。二是7号性格的人是把学习力转化成创新力最好的引领者。

决断力：4分

7号管理者有比其他性格的管理者更超前的眼光，原因很简单——他们是未来主义者，同时他们不容易被不好的结果影响，他们会直接把不好的结果作为下一次决策的经验。眼光与乐观决定了7号管理者的决断力有4分。

教导力：3分

给7号管理者的教导力打3分的原因是：7号管理者的思维太跳跃，他们很难接受别人的接受能力太差与太慢，所以他们在教育培训下属时特别容易没有耐心。

践行力：3分

7号性格的人思考问题时容易天马行空，尤其是管理者，他们特别希望自己的创意马上有下属帮他们实现，而不是创意自己想、行动自己做，如果只做提供创意与思路的"甩手掌柜"那是最好的。因此给7号管理者的践行力打3分。

组织力：3分

给7号管理者的组织力打3分，是因为他们追求自由、讨厌规则，对条条框框的制度与流程天生比较排斥。这是 7 号管理者特别需要觉察的一个点。

综上，7 号管理者提升领导力有三大方向。

第一，善补不足。

在教导力、践行力或者组织力中找出自己的最弱项（甚至 3 分都不足的项），通过相应的方法将其补到 3 分以上。

第二，发挥优势。

影响力是你的最强项，用你的思想、思维以及出众的口才去凝聚、去感召一批志同道合的伙伴，为团队领导力创造最大的价值。

第三，借力互补。

比如，如果觉得自己的组织力不够强，那直接搭档就要有很强的规划能力，这样就有可能达到借力互补的效果。

管理激励 7 号活跃型下属的五个技巧

以下总结了在职场中管理激励 7 号活跃型下属的五个技巧。

鼓励他们在一件事情上的持久性及深入性

7 号下属因为兴趣太过广泛，往往会成为"门门通但没有一门精"的人，所以管理者应提醒与鼓励他们在一件事上或者一个行业上具有持久性以及深入性。

提供多种可能性的选择方案

如果说脑区的 6 号有多项选择恐惧症，那 7 号往往有单项选择恐惧症，原因还是 7 号害怕被限制——7 号认为如果做一件事情只有一种方式、一个选择，那就意味着被限制。所以如果待办的事情并非只有一种解决方式，建议对 7 号下属多用只要求结果不要求过程与方式的管理手段。

欣赏他们灵活的思维

机灵、机智是 7 号下属的天赋与特质，管理者要善于利用和发挥他们的这些特质。

提供美好的愿景

7 号是未来主义者，他们渴望未来是更丰富多彩的，这样他们就会享受到更多对新生事物的体验。管理者要多给他们提供美好的愿景，以此激励他们。

少批评

所有的 7 号都承认，自己不一定需要别人的表扬，但对别人的批评肯定是很不爽的。管理者一定要注意管理方式，尽量避免简单粗暴的批评。

7号活跃型商界名人之经典语录

王石　万科集团创始人、华大集团联席董事长

- 成功不成功倒是其次，独立人格是非常重要的。
- 成功带有很多偶然性，偶然性是给有准备的人准备的。
- 作为人类的一员，你一定要有一种不满足的状态，一种不断学习、不断进步的状态。

汪健　华大基因董事长

- 真正重要的只有生命，生命的意义、生命的质量、生命的长度。最后记住，世界是你们的，也是我们的，但是归根结底，是给活得长的人的。

严介和　太平洋建设集团创始人

- 人生四大幸事：生得好、病得少、活得长、死得快。
- 不狂不放不人生。

袁岳　零点有数董事长

- 趁着年轻，去折腾吧！
- 有好东西吃的时候不要吃独食，主动地告诉他们你知道的好消息，在有好事情的时候能想到别人，会让别人觉得你把他们当好朋友。

沃尔特·迪士尼　迪士尼公司创始人

- 快乐是一种心态，它取决于你看待事物的方式。
- 如果我们有勇气去追求，我们所有的梦想都可以成为现实。

自测：7号活跃型管理者的性格领导力测评

1. 自我觉察以下两个问题：
（1）有趣对你来说有多重要？请举例说明。

（2）你怎么看待被限制？如果你被限制了，你会做些什么？请举例说明。

2. 如果你自己就是7号活跃型管理者，请给自己画出六维领导力雷达图。如果不是，请给身边一位疑似7号的管理者画出他的六维领导力雷达图。打分标准为：最高分5分，最低分1分。

第5章
脑区5号理智型性格领导力提升

我思故我在——我是一名注重系统思考、习惯观察分析的管理者。

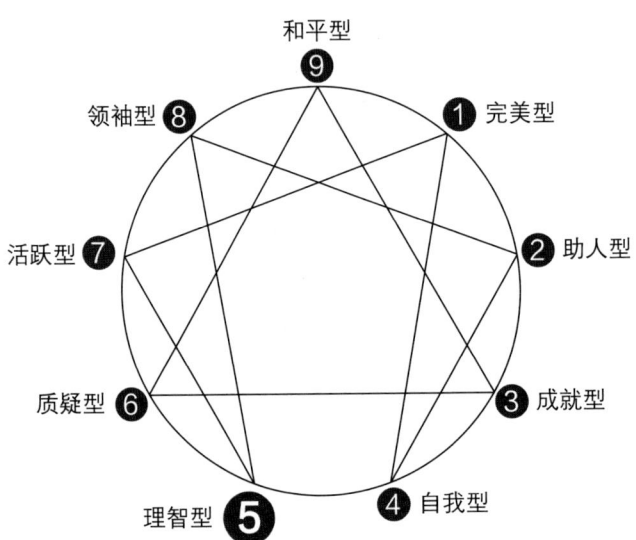

特别鸣谢九型人格导师耿涛对本章内容校稿的支持,他是九型人格全球学会与国际九型人格协会双认证导师。

5号理智型：冷静理智的猫头鹰

九型人格中的5号理智型也叫"观察者"。5号的理想化形象是"我是全知的"，他们总是将注意力放在个人隐私、自给自足以及专业知识方面。他们避免无知，希望过上一种不依附的生活。他们好学不倦，渴望知道得更多；喜欢运用自己的智慧和理论去认知世界。他们冷静、机智、分析力强，善于理性、有逻辑地去处理问题。他们非常在乎自己的私人空间，不愿受到侵扰，因此他们尽量选择独处，为自己营造独立的物理空间；他们习惯于独立思考与冷静观察，为自己营造独立的思想空间；他们保持情感抽离，为自己营造独立的情感空间。

如果找一种动物来类比5号，会是哪种动物呢？我们的答案是：猫头鹰。理由主要有以下三点。

冷静深邃的气质

在漆黑的夜晚，猫头鹰的视觉非常敏锐。

5号透过现象看到事情背后规律与本质的能力是九个型号中最强的。5号朋友的眼神气质多为冷静思考型的，给人平静如湖面的感觉。

智慧的象征

希腊神话中智慧女神雅典娜的爱鸟是一只小鸮（猫头鹰的一种），因而古希腊人把猫头鹰视为雅典娜和智慧的象征。

如果说九型人格中的 4 号是九个型号中最具艺术家气质的型号，那 5 号就是最具科学家气质的型号（当然不是说 4 号就一定是艺术家，5 号就一定是科学家）。5 号的智商指数往往偏高。

情感隔离

猫头鹰是恒温动物，昼伏夜出，白天隐匿于树丛、岩穴，不易见到。

5 号通常很需要自己的独立的物理空间和心理空间，所以他们一般喜欢独处，喜欢尽量少与人接触。有个 5 号朋友分享，他自己开公司，请人来管理，一般情况下他都不出现在办公室，而用电子邮件和管理人联系安排工作。如果一定要去办公室，他通常也会选择晚上办公室里没什么人的时候才去处理公务。

5 号在人际关系中通常都用一种情感隔离的方式与人保持安全距离，他们往往会为了躲避他人而在心中搭建一道距离的围墙，让自己远离情感。他们一直认为自己只有保持冷静、理智，不被情感所干扰，才能做出正确的判断与决策。所以他们通常都比较冷静。有 5 号朋友分享："我不喜欢那些情绪化、以偏概全的结论，我没有什么高兴和不高兴，无论发生了什么事，我的内在世界都不会有大的波澜。"

5 号理智型人格的全面解析

5 号理智型人格的"三观"

世界观：这是一个具有侵入性的世界。
人生观：我要拥有不依附、自给自足的人生。
价值观：一个冷静思考、抽离观察、不断求知的人是智者。

5 号理智型人格的心理渴望与行为呈现

好学不倦，渴望知道更多；喜欢运用自己的智慧和理论去认知世界；情感抽离，冷静、机智、分析力强，善于理性、有逻辑地去处理问题；喜欢有独立的空间，思考时不喜欢受到侵扰。

5 号理智型人格的核心特质

（1）理想化形象：我是全知的／我是理性的

5 号的最底层对爱有极深的匮乏感，所以他们只能不断地攫取知识来填充这种匮乏感。故 5 号天生渴望塑造一个"全知"与"理性"的理想化形象。

（2）基本恐惧：无知与被侵入

全知意味着全能，而无知就意味着无能，无能就意味着失控，失控就意味着失去安全性。对失去安全性的巨大恐惧推动着 5 号向外收集信息、分析判断、预演、学习各种技能、理解并诠释，形成总结性的结论，以增强自己的信心。

另外，5号在追求全知的过程中最害怕的事情是被侵入，认为这会严重干扰他们求知的过程。他们渴望的是一种"鸡犬之声相闻，老死不相往来"的生活状态。

（3）关键词：思考与观察

"我思故我在"是5号最典型的生命状态，不断思考的部分突出了5号对事物要有自己独立理解、分辨力及掌控度的需求。而观察反映出了5号身处世界中、与事物保持一定心理距离的状态。

5号的深度思考让他们有理性、客观的特质，但也成了他们在体验与行动方面的短板。

（4）关键词：客观与规律

5号奉行安全为本、理性至上。5号对安全性的追求与提取知识的需求相联系。我们可以将知识理解为理解事物，指导思考，做出判断、预测及反应的参考标准和依据。所以对5号而言，能避免主观因素的影响（客观），以及反映事物本质及运作基本原理（规律）的就是有效、有价值、有意义的"知识"。5号收集的信息通过知识而被组织起来形成有意义的、可以指导决策的有效数据，最终形成系统性的知识架构。

5号过度重视规律，可能意味着他们会在事情发生之前，用过往的经验来预判过程或诠释结果，这使得他们容易观念僵化，导致可能性和创造力被局限。

第 5 章　脑区 5 号理智型性格领导力提升

5 号理智型人格的思维执念：吝啬

思维执念"吝啬"是 5 号在特定世界观下的一种思维定势，即他们考量一件事情的惯性出发点。5 号总是避免被消耗，他们考量事情的出发点通常是整件事情的必要性，他们觉得没有必要的话就不说了，没必要的事也就不做了。

因此 5 号对别人的要求和期待非常敏感，他们更注重隐私，希望通过设立界限来减少与外界的交集，最大限度地保留个人的时间空间、个人精力与资源。

在这种思维定势的运作下，5 号总会看到外在世界的侵入性。为避免被侵入，他们会惯性地与世界保持一定距离或将自己置身事外，与外界产生分离感。

5 号理智型人格的情绪激情：贪婪

克劳迪奥·纳兰霍在书中写道："贪婪这种激情，是一种想要索求那些你只得到一点点，或者你内在只拥有一点点的东西的神经质需求。我们可以理解为 5 号难以把自己托付给他人——不论在情绪上还是亲密联结方面。即便是在物质层面，5 号也难以放手。他们神经质地执着于真实物件或者象征性物件，避免自己产生分离感，而这种分离感追本溯源，正是缺乏情感支持所导致的。"

所以我们可以理解"贪婪"是一种对匮乏的恐惧，是 5 号内在的一种很强烈的感觉。

"我没有""我很少"或"不够"等类似描述，经常出现在 5 号对自己关注的重要资源的描述上。

但有时，5号收集了过多的信息，远远超出了自己的消化能力；他们集中安排事务、制订详细的计划，期望能解放出整块的时间，却也许并没有真正利用这些时间做点儿什么，只是他们有一种想要尽可能多地拥有个人时间的迫切性。在个人的情感方面，他们也很难和别人去谈论，特别是那些强烈的情感体验，仿佛一旦分享了，那个部分就减少了。

5号理智型人格的主要心理防御机制：隔离

5号会将不同的东西分类并区隔开，从而降低这些事物对自己产生影响的强度，或控制其对自身的影响范围。

例如，当事件发生时触及自己内在的强烈感受时，5号会让自己从当事人的位置抽离出来，通过隔离自己的感受使自己保持冷静状态，让自己以观察者的视角来思考，将注意力完全转向造成问题的影响因素及条件的分析上。

因为经常跟自己的感受分离，所以5号在很多情感互动中不知道如何回应，也不太容易做出情感上的表达，常常是心中有万千感受，却欲言又止。这也让身边的人无法了解他们，无法知道他们的真实感受，认为他们是"谜一样的人"。

"隔离"（isolation）这一心理防御机制让5号能够维护自己的理想化形象，正常行走于世间，但如果这一心理防御机制被自动化，无意识的状态太严重，最有可能导致的DSM类型是自闭型或者回避型。

5号理智型人格在职场中的行为特点

① 爱思考，行动力较弱。

② 重视个人隐私，不喜欢参与社交活动。

③ 珍惜个人的时间和空间，不喜欢被打扰和占用。

④ 不喜欢被情绪影响，不愿意与人产生过多的情感交流。

⑤ 看待事物理性、深入，习惯以框架性、宏观的视角看待问题，中立而全面。

快速识别5号理智型人格的"黄金三步"

快速识别5号理智型人格的"黄金三步"如下。

一观气质

观神态：安静、知性，有学究型气质和教授型气质，给人距离感。

观张扬度：低。

观目光：冷静、平和、深邃。

观表情：平静、放松。

观肢体语言：少、收敛。

二听其言

（1）听语言模式

多分析、论证，说话就事论事；技术性语言多，情感少，有架构。给人一种"相比起人际关系和情感，我更加注重事情本质"的感觉。

（2）听常用词汇

知识、分析、判断、研究、了解、收集、信息、数据、逻辑、思考、规律、本质。

三问动机

问知识：有些人喜欢阅读，总是要学习和了解很多知识，对你来说是怎样的呢？

问思考：保持理性的头脑对于你来说有多重要？你通常会思考些什么？

问情绪：你是如何看待情绪与情感的？

问隐私空间：对于你来说，隐私空间有多重要？

5号理智型管理者的领导力优势与局限

通过前面的内容，我们对5号理智型人格有了相对全面的了解，现在我们可以对5号理智型管理者的优势与局限进行总结了。

5号理智型管理者的优势

（1）分析力强

5号管理者善于理性分析、客观表达，是卓越团队不可或缺的一员。

（2）见解深刻、客观公正

5号管理者喜欢研究事物的逻辑、规律与本质，所以他们的见解往往比一般人深刻与透彻。又因为他们在评价一件事情的时候不介入情感，所以他们是相对客观公正的一群人。

（3）思考全面，规划周密

5号管理者喜欢的是系统性思维与框架性思维，这样的思维模式可以对一件事物进行全方位的分析思考。

（4）危急关头表现卓越

5号是所有型号中最理智的类型，甚至可以说是超理智型的。因此5号管理者往往在危机关头表现得比其他人卓越。

（5）坚持不懈的钻研精神

5号管理者总是希望找到自己在意的事物与知识的规律和本质。这一渴望造就了他们坚持不懈的钻研精神，使他们乐在其中。

（6）精通某一领域

如果说7号是未来主义者，那5号就是古典主义者，5号对有深度、有历史沉淀的事物非常感兴趣，并有可能成为这方面的专家。

5号理智型管理者的局限

（1）情感自闭，冷漠疏远

5号是九种性格类型中最理智的，有时候，他们理性过了头，对情感不是加以感受，而是冷静地去分析、观察，导致5号给人的感觉是情感自闭与冷漠疏远的。

（2）过分自立，独来独往

5号喜欢的生活环境是"鸡犬之声相闻，老死不相往来"，他们渴望不被侵入的、不依附的生活。所以5号管理者在团队中会出现过分独立、独来独往的行为。

（3）不重视人际关系，不重沟通

5号管理者对人际关系特别不敏感，有事说事，喜欢讲数据、讲逻辑、讲架构，给人一种过分理性、不注重沟通的感觉。

5号认为在人际关系中很多人喜欢讲感受、讲感觉甚至讲八卦，这对自己来说都是巨大的挑战。因此，5号管理者也不太注重与团队成员的沟通。

（4）不愿与人分享信息

5号管理者对于时间、空间、信息以及情感都是吝啬的，他们对于知识与信息的攫取远远大于分享。

（5）没有主动培养下属的意识

5号管理者对人与对情感都极其不够敏感，为人太理性、太聪明。他们认为只要在系统中自动运转，总会有人去承担相应的责任，所以不会很主动、有意识去培养下属。

5 号理智型管理者的六维领导力素质修炼

请以你对 5 号理智型管理者的了解,用 "5—4—4—3—3—3" 的标准给他们的六维领导力打分,然后看一下专业研究团队对 5 号理智型管理者的六维领导力是如何打分的(见图 5-1)。

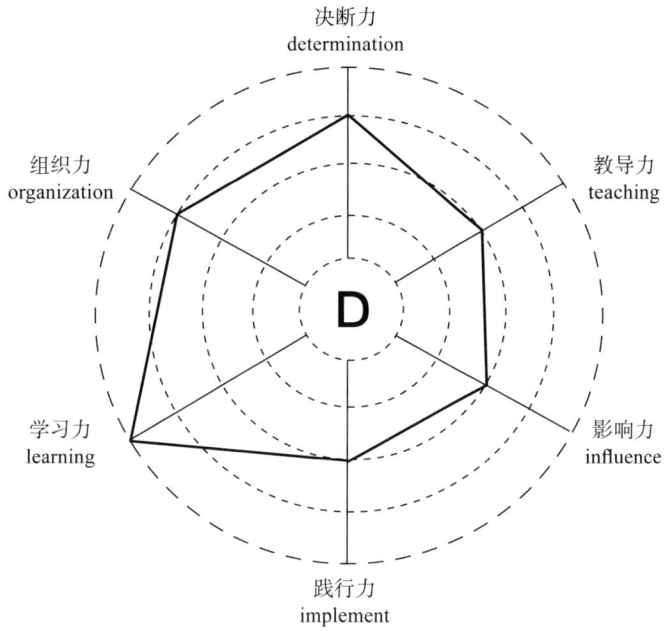

图 5-1 5 号理性型管理者的六维领导力

学习力:5 分

学习力成为 5 号管理者的最高分是很好理解的。5 号在学习方面简直是"学霸"级的人物,他们理性,善于观察和思考,是系统思考的典范。

组织力：4 分

5 号管理者是理性之王，在管理中是最崇尚对事不对人的，他们对组织架构、制度、流程等是非常在意与擅长的。所以 5 号管理者的组织力为 4 分。

决断力：4 分

5 号管理者的"多谋善断"是有目共睹的。所以 5 号管理者的决断力为 4 分。

教导力：3 分

5 号管理者在主动培养下属方面有明显的短板，而且其在职场中往往提倡"有效果比讲道理"更重要，有些时候 5 号管理者在教导下属时过分强调来龙去脉与前因后果，会让下属不知所措。所以他们的教导力只能得 3 分。

影响力：3 分

给 5 号管理者的影响力打 3 分，最主要的原因是他们在所有关系中都是后退的，导致他们在主动去要求和影响下属方面有所欠缺。另外，他们太理智了，在对下属的人文关怀方面也是缺失的。

践行力：3 分

5 号的"思"是一流的，"行"只能算二流甚至三流。所以 5 号管理者的践行力为 3 分。

综上，5 号管理者提升领导力有三大方向。

第一，善补不足。

在教导力、影响力或者践行力中找出自己的最弱项（甚至 3 分都不足的项），通过相应的方法将其补到 3 分以上。

第二，发挥优势。

学习力是你的最强项，用你理性的观察与系统的思考去建立最全面、最科学的组织架构、制度、流程，做出最英明的决策，给团队领导力创造最大价值。

第三，借力互补。

比如，如果觉得自己的践行力不够强，那直接搭档就要有很强的执行力与推行力，以此达到借力互补的效果。

管理激励 5 号理智型下属的五个技巧

以下总结了在职场中管理激励 5 号理智型下属的五个技巧。

将他们当专家，以请教的口吻对话

5 号下属需要管理者在知识与智慧上对自己加以认可及肯定，他们愿意成某一方面的专家型人物。

多给其独立的空间与时间

5号下属特别需要不受干扰的思考，很在意私人空间。5号认为独立的空间与时间对他们来说就是充电的过程，而不断与人打交道和交流是耗电的过程。管理者要给予他们这样的独处机会。

给予明确的工作界限与范围

5号喜欢研究、思考确定的以及与自己有关的事情，他们也喜欢工作界限非常明确的事情。管理者在给5号下属布置工作任务时，要考虑到这一点。

强调项目的难度、意义及价值

别人害怕复杂，5号挑战复杂。有深度的研究、有深度的思考都是5号愿意及乐意去做的事情。如果管理者从这个方面去激励5号下属，应该会收到好的效果。

少让他们参加目标不明确或有太多开放式讨论的会议

对于5号来说，时间就等于知识与信息，而知识与信息就等于生命，目标不明确的会议与太多开放式的讨论会浪费5号太多的时间，这对5号来说是一件非常可怕的事情。

5号理智型商界名人之经典语录

李彦宏　百度创始人、董事长兼首席执行官
- 人一定要做自己喜欢并擅长的事情。
- 认准了，就去做；不跟风，不动摇。
- 让数据说话。

李书福　浙江吉利控股集团有限公司董事长
- 老的消亡、新的壮大，这是事物发展的客观规律。

沃伦·巴菲特　全球著名的投资人
- 若你不打算持有某只股票达十年，则十分钟也不要持有。
- 如果你不断地跟着风向转，那你就不可能会发财。

自测：5号理智型管理者的性格领导力测评

1. 自我觉察以下两个问题：

（1）获得足够的知识和理论，凡事搞明白其中的道理，对你来说有多重要？请举例说明。

（2）对你来说，隐私与空间有多重要？请举例说明。

2. 如果你自己就是5号理智型管理者，请给自己画出六维领导力雷达图。如果不是，请给身边一位疑似5号的管理者画出他的六维领导力雷达图。打分标准为：最高分5分，最低分1分。

第 6 章
心区 3 号成就型性格领导力提升

我优故我在——我是一名结果导向、追求卓越的管理者。

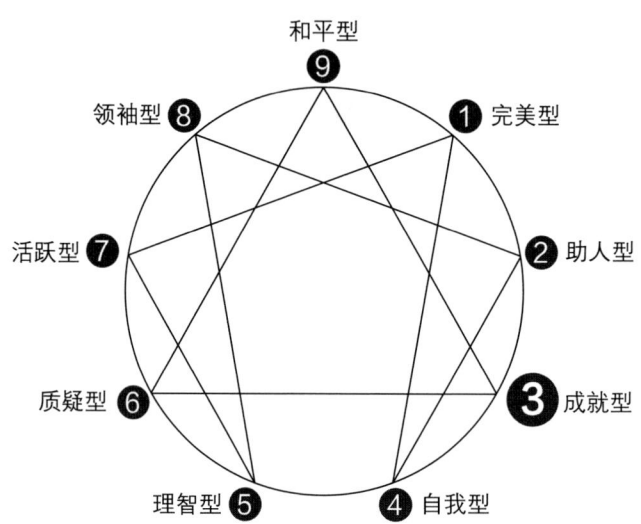

特别鸣谢汤漫与黄蕾两位九型人格导师对本章内容校稿的支持,她们都是九型人格全球学会与国际九型人格协会双认证导师。

第6章 心区3号成就型性格领导力提升

3号成就型：积极向上的千里马

九型人格中的3号，我们称之为"成就型/实干者/竞争者/超越者"。3号的朋友是一群相信"天道酬勤"的人，他们努力奋斗，需要被认可是"优秀的"或"有价值的"，深层心理才会得到满足，才会有价值感。如果要用动物对3号的内在心理渴望和外在行为呈现做个形象比喻的话，这种价值观驱动所呈现出来的特质特别像千里马。为什么这样说呢？从以下五个方面的比较可看出两者的相似之处。

能力卓越

千里马是指可以日行千里的骏马，现在常用这个词来比喻人才，尤其是才华出众之人。

3号在九型人格中属于能力组。由于内在心理驱动力是"我是优秀的"或"我是有能力的"，所以3号平时注重学习、提高自身能力，做事也通常力求做到最好。在相同的时间和环境，面临同样的机遇，3号通常会有比别人更为突出的能力表现。像千里马一样，优秀的奔跑能力在众马当中是显而易见的。

特别要说明的是，九型界早期把3号成就型类比为孔雀，而现在用千里马取代孔雀来类比3号,最重要的原因是——千里马相较于孔雀,两者除了都想把自己"美"的一面展现给公众之外,千里马比孔雀更能说明3号的心声——美诚然重要,但实力更重要!

形象突出

千里马外形俊美、威风凛凛、嘶鸣洪亮,与其他的马在一起时容易识别。

我们经常开玩笑说九型人格心区2号、4号都是"外貌协会"的会员,而3号是"外貌协会"会长。3号相对其他型号更注重自己的外在形象。3号气场比较强,张扬度比较高,会在不同的场合自动呈现出适宜这个场合的形象气质。比如,在商业会议中,注重形象的3号通常会身着得体的职业装,言语干练、表达流畅,很容易因为这些亮点而成为大家关注的焦点。

行动快速达成目标

千里马以奔跑起来风驰电掣、两耳生风而著称。

3号非常追求效率,一旦确定目标,就会全力以赴去达成目标。在现实生活中,很多3号都是语速快、做事快、决定快,改变也快。他们目标明确,不达目标不罢休。

渴望被认可

春秋楚王派伯乐孙阳去寻千里马,伯乐找回了一匹骨瘦如柴的病马。楚王不解，伯乐说，因为原主人不懂得这是千里马，所以长期喂其劣质食物且打骂训斥，让其拉车负重，才导致现在这种状况。经过半个月的精心照料，这匹马变成高大俊武、神速异常的千里马。因此对于千里马来说，能够遇到赏识自己的伯乐，就有更多机会呈现出千里马的精彩状态。

3号也需要伯乐，那就是那些懂得3号的人，懂得用"认可"来滋养3号的人，懂得看到3号、赞美3号的人。有了这样的伯乐，3号就会像千里马一样，把伯乐视为知己，把对方的期待转化成自己的目标，尽其所能去达成！如能时时得到认可和赞美，3号就会得到极大的精神滋养，也会由内而外变得舒心和自信。韩愈说"千里马常有，而伯乐不常有"，3号对认可的渴求是方方面面的，是无时无刻不存在的，所以，3号总觉得再多的认可都是不够的，也总会感叹得不到别人足够的赏识。如果3号经常有不被赏识的感觉，就会呈现出萎靡不振、无所事事、难以行动起来的状态。

为达目的誓死不休

千里马是怎么死的？它们通常都会为了赏识自己的主人或者伯乐，为了达成一个又一个目标地而累死在驰骋途中。是舍生取义，还是得不偿失？这个问题值得3号的朋友们去思考。

现实中的3号，很多都是工作狂。3号总是把注意力集中到"目标"当中，没有目标的3号会非常茫然，不知自己该做什么。为了达成自己设定的目标，为了得到别人的认可，为了让别人看到自己的优秀，3号经常会全力以赴，不懂放松，有时会付出身体健康的代价。同时，3号为了目标、为了形象，通常会搁置自己的感受，没有时间悲伤，也不能让自己显得悲伤，这样的话，他们的情绪能量不容易得到释放与梳理。但带着觉察的3号其实知道自己是"含着眼泪奔跑的人"。因为3号经常连自己的感受都搁置，所以他们也容易忽视身边人的感受，因此被人认为他们不近人情。久而久之，3号的身体和心理方面都可能会因为积压过多压力，导致身体疾病、情绪焦虑等。千里马之死，值得警醒！

3号成就型人格的全面解析

3号成就型人格的"三观"

世界观：这是一个充满竞争、成王败寇的世界。

人生观：我必须出人头地、出类拔萃，拥有受人羡慕的人生。

价值观：一个形象得体、目标明确、成功导向、能力卓越的人是值得被爱且有价值的。

3号成就型人格的心理渴望与行为呈现

渴望自己能力卓越、事业有成，以目标结果为导向，重视自我形象，希望被人认可与肯定，甚至欣赏和羡慕。他们在不同场合中都希望且尽可能表现出适宜得体的形象，善于把握每个机会，会尽己所能获得自己想要的成功。优秀的能力和形象是必须不断努力追求的，若是有失败的可能，他们宁愿不去触碰，换道而行。

第6章 心区3号成就型性格领导力提升

3号成就型人格的核心特质

（1）理想化形象：我是优秀的／我是有能力的

3号成就型的模式有一个深层心理渴望的理想化——我是优秀的、有能力的，即我必须体验到我是成功的、优秀的、有能力的，心理才会满足，认为自己活得有存在感、有价值、有意义。每位3号对于"优秀和成就"的定义可能会有所不同，也许是世人眼中所谓的成功，比如名誉、地位、车子、房子；也许是各种好形象与好角色，比如别人说他是好员工、好领导、好丈夫、好儿子等。而且，3号的"成功和优秀"最好有观众，他们渴望被他人看见、知道、羡慕、欣赏，"锦衣夜行"会令3号很难受。

（2）基本恐惧：失败与被否定

3号成就型人格的基本恐惧是——失败和被否定，即害怕自己"不好"的一面、自己的失败被他人看见，害怕他人的不认同和否定。这种失败也是方方面面的，比如业绩不如他人好、孩子成绩不如人、房子不如闺密的大，或老公没有表扬她做家务辛苦、客户不认同他的项目计划，等等，这些都会引起3号无价值感的恐惧。

理想化形象和基本恐惧驱使着3号务实能干、勇往直前，但也带给3号"陷阱"——在这一模式的无意识驱动下，3号的内心并不深信自己是有价值的，所以需要一再向他人用成绩、用结果来证明自己是优秀的、有价值的。

（3）关键词：目标与结果

3号注重目标和结果导向，每天都在搜寻各种目标，目标会让3

号动力满满，也会超有行动力，会想尽办法达成想要的结果。对于3号来说，好的结果是满足其内心理想化"我是优秀的"的证明。结果导向令3号追求高效、行动快速，完成目标达成结果的过程被他人干扰或阻碍很容易令3号陷入坏情绪。

（4）关键词：行动力及效率

3号一旦确定一个有价值的目标，便恨不得马上行动。3号经常嫌别人慢——嫌同事反应慢，嫌老板决策慢，嫌孩子做作业慢，嫌爱人做家务慢。

3号通常很关注"效率"，总是希望以最少的投入获得最大的产出。他们做事时，总会考虑先做哪个后做哪个比较节省时间。在人际交往中他们也会讲究效率——是否花时间参加饭局要先看那里有没有值得交往的人；一般是有事情找某个朋友的时候才会想起来联系对方；与某个人交往的投入可能取决于对方是不是"有料"，以后能否帮到自己。

（5）关键词：比较与竞争

因为渴望优秀与卓越，3号内心有一个自动"比较与竞争"的模式，总是不知不觉拿自己与其他人比较。小的时候比成绩，长大了比单位、比工作、比老公、比孩子、比房子，谈话比观点，做事比优劣……

为什么要比——也许只有比了才知道自己是不是优秀、是不是有价值吧。这个模式带给3号朋友不断前行的动力，也有可能让3号付出代价，产生委屈、嫉妒等不必要的情绪。

比较与竞争对于3号来说是一种极其自动化的模式。以著名的3号代表科比为例,科比曾经说过:我爱乔丹,而不是与之竞争。但事实上是怎样的呢?

当菲尔·杰克逊执教湖人队后,他安排科比与乔丹见了一面,本意是让乔丹帮助科比更好地领悟三角进攻,但科比的举动让杰克逊大吃一惊。"在芝加哥打客场比赛时,我安排两人见了一面。我原本希望乔丹能够帮助科比转变一下对于无私团队合作的态度,但在两人握手之后,科比嘴里蹦出的第一句话却是:'你知道我能在一对一比赛中打爆你吧。'"杰克逊在自传中写道。

科比是2016年退役的,而2017年科比在接受采访时说,自己"职业生涯最遗憾的事情就是没有拿到7次总冠军"。

为什么是7次而不是6次?因为乔丹拿了6次,科比拿了5次,科比遗憾的是没有完成超越。这样看来,3号朋友的竞争与超越感是如此地强烈。

(6)关键词:求关注与被认可

3号心里深深地渴望能获得他人的关注。3号仿佛天生脚下有个舞台、头上有聚光灯时刻照着自己,希望被人关注(当然是自己好的一面),得不到关注的时候就会状态低迷。

3号模式在渴望被关注的同时,也渴望被认可,除了自己认可自己,会为自己无论大小的成绩得意以外,更希望得到他人对自己方方面面的认可。似乎对于3号来说,只有被他人认可,才意味着在他人眼中的自己是一个成功的、有价值的、不被他人忽视的人,自己才有存在感。

3号成就型人格的思维执念：欺骗

3号的思维执念是"欺骗"，欺骗的意思是：因为3号太在意自己在他人眼中的样子，所以会表演出一个优秀得体的形象，使他人不会看到真实的自己，在其他人看来，就好像在"撒谎"。但大家要特别注意，这里的"撒谎"不是指3号的品德有问题，这只是3号营造好形象的自动化运作模式。如果3号朋友不觉察，他自己也不会意识到自己在"欺骗"或"撒谎"。

3号成就型人格的情绪激情：虚荣

克劳迪奥·纳兰霍说："作为一种强烈的激情，虚荣是一种通过构建个人形象来进行自我篡改的需求。这种个人形象是上得了台面，能够得到人们的接受、爱戴和肯定的。这种激情导致3号将其能量转移到实用性的行为中去。为了达到外部世界的预期，他们发展出一种特定的能力，可以感知到眼前语境的所需，然后让自己迅速适应。无论从审美的角度，还是从操作效率的层面，都能明显看出，这种人格把自己当成了一件待售商品，由此形成一种幻觉，即这种转化和真实的自我是一回事。使用这种策略，也就意味着与自身的情绪和需求做了切割。3号沉浸在这种让人筋疲力尽的行为中，以至于他们能让自己的思想和行为去适应别人，他们与自己所篡改的一切产生了认同，他们相信的是一个假的形象（执念），却和自己所有真实的内心感受切断了联系。"

所以我们简单理解"虚荣"的意思就是：爱上自己的得体形象。"形象"是深深影响3号的一个关键词，不仅指穿衣打扮的外在形象，还指在各种场合下想要呈现出来的"得体的面具"。3号沉迷于"我是优秀的"的体验，在好父母、好孩子、好职员、好老板、好学生等各种形象中穿梭变换，通常有很强的适应环境的能力，但入戏太深也会迷失了真正的自己。

所以克劳迪奥·纳兰霍说：3号活在"虚幻的角色"里，当角色被认可时，就产生外化2号的"虚假的丰盛"；不被认可时，就产生内化4号的"虚假的匮乏"。

3号成就型人格的主要心理防御机制：自居等同

3号的心理防御机制叫作"自居等同"（identification），意思是将自己等同于一个自己设定的成功的形象，表演着这个形象，并活在这个形象里。这个形象可以让3号感觉到"我是优秀的"。3号由此找到存在感和价值感，却与真实的自己失联了，忘记了自己的喜怒哀乐、真实思想和情感。比如，当他在社交场合表演出亲切随和时，他忘记了自己的不开心；当他在职场上表演出精明能干时，他忘记了自己也有软弱和精力不济的时候。

3号这种自居等同让自己一直处在"得体"的形象中，以求得外界的认可与爱，但如果他们一直得不到自己期待的爱与认可，最后有可能导致的DSM类型是工作狂型。

3号成就型人格在职场中的行为特点

① 工作高效，目标性强，动力十足。
② 善于自我激励，工作积极性高。
③ 善于从事开创性、拓展性工作。

④ 希望成果被人看到、被欣赏和表扬。

⑤ 倾向于做独立性、自主性高的工作。

⑥ 工作中容易以追求结果为导向，忽略人际关系。

⑦ 如果没有把握达成好的工作结果，3号往往会因为担心面对失败而退缩、犹豫和拖延。

快速识别3号成就型人格的"黄金三步"

快速识别3号成就型人格的"黄金三步"如下。

一观气质

观神态：阳光、干练、积极、职业化。

观张扬度：高。

观目光：聚焦、有神、明亮、放光。在心区的三个型号中，3号的眼神相对理性，因为3号常常为了维护自己"得体"的形象会自动化处在"情绪搁置"的状态，通常情绪不外露。

观表情：适宜得体、大方稳重、热情有度。

观肢体语言：动作偏多，激情飞扬，力量、幅度适中。

二听其言

（1）听语言模式

说话时会根据场合调整自己的状态，必要时会在重要场合暂时搁置自己的感受。语速通常较快,表达干净利落,语音铿锵有力,多用"我可以""肯定""绝对可行""没问题""百分百"等词。注意调动他人的积极性,以成果实现结果,给人一种"你最好能明白并支持我的聪明方案"的感觉。

(2) 听常用词汇

目标、价值、结果、意义、成果、赶紧、别浪费时间、做事情、行动起来、效率、认同、能力、水平、最佳、最棒、肯定、绝对、百分百。

三问动机

问成功:在你生命中,成功对你来说有多重要?从1分到10分,你会打多少分?对你来说什么是成功?为了成功你会做些什么?请举例说明。

问认可:关于在生活中被认同、被认可的形象你会如何看?请举例说明。

问形象:你会花多少注意力放在你的形象上,形象对你来说有多重要?对有些人来说,形象被打破是不可接受的,对此你是怎么看的呢?请举例说明。

问目标与效率:对有些人来说,设定目标就要快速去做,对你来说是怎样的?请举例说明。

问比较与竞争:关于比较与竞争你是怎样看的?有些人认为这个世界是充满竞争的,只有在竞争中才能展现自己的价值,对此你怎么看?请举例说明。

3号成就型管理者的领导力优势与局限

通过前面的内容，我们对3号成就型人格有了相对全面的了解，现在我们可以对3号成就型管理者的优势与局限进行总结了。

3号成就型管理者的优势

（1）坚定目标，成功导向

3号管理者是属于自我组（3号、7号、8号）的，他们的状态都属于主动进攻型，所以他们相对坚定自信，而且以结果为导向，务求达致成功。

（2）想尽办法，克服困难

一旦3号管理者设定了一个有价值的目标，他们就很容易进入全力以赴的行动状态。在达成目标的过程中若遇困难，他们也很容易将注意力的焦点放在目标上，努力克服出现的问题与麻烦。

（3）目标不断，实现价值

目标对于3号管理者来说，简直像空气一样重要，是原动力，是加油站。有很多3号的内在心声是："等忙完这一阵子，就可以忙下一阵子了。"因为只有实现了一个又一个有价值的目标，3号管理者才能把"我是优秀的"或者"我是有能力的"真正体现出来。

（4）充满活力，乐观积极

3号管理者充满正向能量，你几乎很难看到他们在公众场合呈现萎靡的一面。他们为了保持得体的身份形象,很容易自动化表现出"美要让全世界看到,痛只有我自己知道"的职业状态。

(5)善解人意,变通性强

3号管理者有一项特殊的天赋:变通。他们为了维护自己的理想化形象,会在任何情况下灵活变通,因此拥有"百变之王"的雅号。这种天赋可以协助他们达成目标。

(6)有优秀企业家、管理者的潜质

3号在深层动机的驱动下,建立目标,快速行动,追求效率,以结果为导向。这些都能助其成为优秀的企业家、管理者。

3号成就型管理者的局限

(1)胜负欲望通常较强

3号管理者为了证明自己的优秀,会非常自动化地跟人比较与竞争,很容易导致个人英雄主义。

(2)不愿受挫,好面子

3号因为太渴望成功,所以特别害怕失败,不敢面对失败,甚至包括那些有可能遭受的失败。3号管理者很有可能为了避免失败,尤其是避免让别人看到自己失败,而放弃或者更换计划。我们对3号朋友的忠告是:失败不是成功之母,只有检讨失败才是成功之母。

（3）行动通常较快，对他人不太有耐心

3号属于心区，是情感驱动的，容易凭感觉做决定导致冲动。3号管理者没有耐心，主要体现在两个方面：一方面是一旦确定目标就想尽快实现，如此想法可能会导致走捷径行为；一方面是3号管理者在教导下属时耐心不够，根本原因是他们自己的做事方式通常是主动解决问题以快速达成目标，他们也希望他人和自己一样，因此对于下属遇到问题来求助，他们通常容易产生情绪，缺乏耐心。

（4）隐藏自己的深层情感

3号是心区的中心型号，又是心区里最理智的一个型号，有时会理智到让初学九型的朋友误以为他们是脑区的型号或者是腹区的1号完美型。前面提到过，3号的理智是其情绪搁置造成的。这种理智有对工作有利的一面，但也存在巨大的局限，3号管理者容易过分对事不对人，导致团队成员产生压迫感。

（5）限制在人际关系上投入的时间

在讲沟通技巧时，我们经常强调在职场沟通中要注意三个原则：向上沟通谈工作、平级沟通谈感情、向下沟通谈生活。但3号的管理者容易因为太在意目标与结果，而出现向上沟通谈工作、平级沟通谈工作、向下沟通还是谈工作的局面。这就使得3号与他人的关系显得工作优先，少了一些感情的温度。

（6）相信自我的形象就是真实的自己

这一点局限就是前面提及的3号思维执念：欺骗。我们需要再次

第 6 章 心区 3 号成就型性格领导力提升

特别强调,这里的"欺骗"与人品无关,只是 3 号人格一种自动化的思维模式。这会让 3 号管理者不自觉地活在自己设定的理想形象和角色中,为了维持美好的想象而过度消耗心力和体力。

3 号成就型管理者的六维领导力素质修炼

请以你对 3 号成就型管理者的了解,给他们的六维领导力用"5—4—4—3—3—3"的标准打分,然后看一下专业研究团队对 3 号成就型管理者的六维领导力是如何打分的(见图 6–1)。

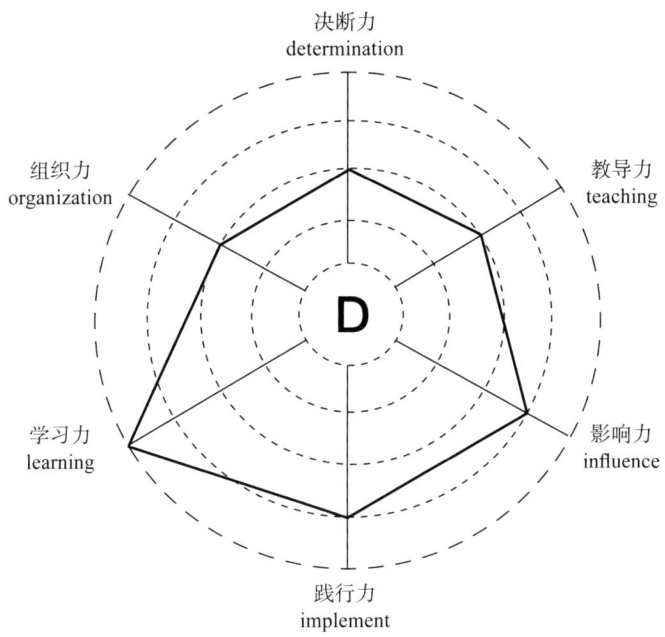

图 6-1 3 号成就型管理者的六维领导力

学习力：5分

学习力成为3号管理者的最高分应该是很好理解的，他们追求优秀、追求卓越，他们相信天道酬勤，因此努力好学，学以致用甚至用以致学。

践行力：4分

3号管理者是行动派，他们深信：想，永远是问题；做，才会有结果。所以他们往往是团队行动的引领者与推动者。但是如果目标不是自己心甘情愿制定的，或者有不能理想达成的风险，他们也会有缺乏行动力的时候。因此3号管理者践行力为4分。

影响力：4分

3号管理者以结果为导向，追求效率，他们充满正向能量，能以身作则，所以很容易帮助团队成员共同打造积极向上的工作状态与氛围。但3号管理者又容易过度聚焦目标，有时会忽略人际关系的温度，使得影响力打折扣。因此3号管理者的影响力为4分。

教导力：3分

给3号管理者的教导力打3分的原因是：3号管理者是非常上进、非常好学的人，所以他们下意识认为每一个人都应该像他们一样，自己主动去学、去钻研，不应该总是要别人来指导与教导；而且3号管理者认为自己的时间很宝贵，应该花在自己的目标与结果上，因此，他们在教导下属时容易出现没有耐心、不耐烦的状态。

决断力：3分

研究发现，有两个原因导致3号管理者的决断力只能得3分。一是3号管理者容易被短、平、快、实的目标所吸引，目光的长远性不够，而一个有价值的决断应该既要考虑当下的结果，又要考虑未来影响。二是3号管理者容易有个人英雄主义作风，当他们的个人利益与部门利益及公司利益发生冲突时，他们容易坚持个人利益第一，部门利益第二，公司利益第三。但站在组织与公司角度，我们希望管理者在决断一件事情的时候，应该是公司利益第一，部门利益第二，个人利益第三，个人利益应该服从组织利益。所以这个部分也是3号管理者需要时时提醒自己的。

组织力：3分

3号属于心区，受感觉与感受的驱使，虽然3号管理者在心区已经是最理性的人了，但还是难免有冲动、感性的时候，他们常常在制度、流程、规则上不那么坚持。因此3号管理者的组织力得3分。

综上，3号管理者提升领导力有三大方向。

第一，善补不足。

在教导力、决断力或者组织力中找出自己的最弱项（甚至3分都不足的项），通过相应的方法将其补到3分以上。

第二，发挥优势。

学习力是你的强项，用你的学习力引领出一个特别积极向上的学习型组织，形成力争上游的学习氛围，把自己从优秀向卓越方向打造，好好发挥自己的天赋，给团队领导力创造价值。

第三，借力互补。

譬如，如果觉得自己的组织力不够强，那你的直接搭档就要有很强的组织协调能力，从而达到优势互补效果。

管理激励 3 号成就型下属的五个技巧

以下总结了在职场中管理激励 3 号成就型下属的五个技巧。

公开表扬，私下提醒

因为 3 号在意得体的外在形象，"面子工程"属于重要工程，所以管理者对 3 号下属要当众表扬、私下提醒，不要让他感觉没面子。

多用"三明治"批评法

"三明治"批评法是著名的企业家玫琳凯女士在激励员工时总结出的一种管理方法。管理者在需要批评下属的时候，为了防止下属在面对批评、指责时立即产生"刺猬心理"把自己包裹起来而导致批评无效，建议用一肯定、二批评、三鼓励的三段法。一肯定下属的成绩，二提醒下属的不足和需要改进的部分，三加上最后的鼓励让其有好的感觉与信心去变得更好。我猜你一听到这种方法一定会说，这应该对谁都有用呀，为什么要说是针对 3 号下属呢？你的想法是对的！但我们要强调的是这种方法对 3 号下属是特别有用和必须的。有一次线下课程中，我演示这种方法给学员去感受的时候，一位 3 号学员眼含热泪对我说："陈导，如果我的上司这样对我，我做牛做马都愿意，但他每一次都是直接批评。"

多鼓励，多肯定

有一次在线下课程中，一位已经确认了是 3 号的学员在分享中是这样说的："现在我知道自己是 3 号了，回想过去，就好像我的胸前挂了一块牌，上面写了 9 个字——求关注、求肯定、求赞美。"各位管理者，现在你知道面对 3 号下属应该怎么办了吧？

以看得到的好处为奖励，少使用长远规划

相对于理想主义者，3 号应该是现实主义者，这种说法无关乎人品，更不是贬义的道德评判。只是想告诉各位管理者，3 号是目标、成功导向的，他们往往对"短、平、快、实"的目标更感兴趣，而对于那些"远、虚、飘、空"的目标完全无感，因此，建议不要总是给 3 号下属"画饼"。

不断提醒他们要有更宽的视野与更高的格局

3 号容易出现个人英雄主义，容易把"短、平、快、实"的目标

作为自己的注意力焦点。这些自动化的行为导致 3 号下属对于长远的目标不感兴趣，对于与自己当下利益不相关的目标不感兴趣。这样的情况会成为其往远、往高处走的障碍。所以管理者需要不断提醒 3 号下属有更宽的视野与更高的格局。

3号成就型商界名人之经典语录

李开复　创新工场董事长兼首席执行官

- 做最好的自己，世界因你不同。
- 千万不要放纵自己，给自己找借口。对自己严格一点儿，时间长了，自律便成为一种习惯，一种生活方式，你的人格和智慧也因此变得更加完美。

许家印　中国恒大集团董事局主席

- 人的进步往往是从心理的进步开始的，人的落伍也往往是心态的落伍。
- 人与人的差距往往是心态的差距。一个人不如人，往往是心理不如人、信心不如人、目标不如人。

杨石头　智立方集团董事长兼首席执行官

- 没有才华，就要有气魄；没有好的外貌，就要学会有品位。
- 职场三十岁综合征：昨天没做好的成为今天的问题，明天想要的成为今天的焦虑。

尹峰　咖啡之翼集团创始人

- 不打无准备之仗，所以即使是电话面试也要用心准备。
- 坚持从基层做起，化茧为蝶就在不远的明天。
- 在求职之前一定要有明确的目标，因为机会总是提供给那些有准备的人的。

自测：3号成就型管理者的性格领导力测评

1. 自我觉察以下两个问题：

（1）出类拔萃对你来说有多重要？请举例说明。

（2）为了名列前茅，你会付出什么代价？请举例说明。

2. 如果你自己就是3号成就型管理者，请给自己画出六维领导力雷达图。如果不是，请给身边一位疑似3号的管理者画出他的六维领导力雷达图。打分标准为：最高分5分，最低分1分。

第 7 章

心区 2 号助人型性格领导力提升

我爱故我在——我是一名正向亲和、乐于关爱别人的管理者。

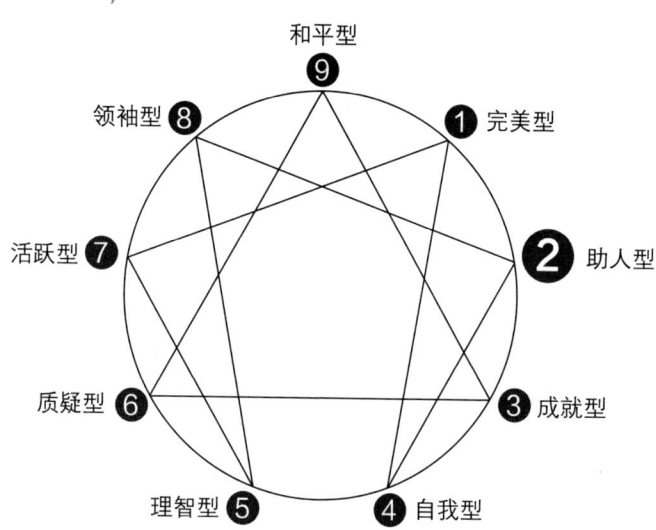

特别鸣谢左学敏老师对本章内容校稿的支持,她是嵘思享九型人格学院2号嵘导师与六维领导力认证导师。

第7章 心区2号助人型性格领导力提升

2号助人型:善解人意的兔子

九型人格中的2号助人型,也叫"支持者",他们的内在深层心理需求是:"我是有爱的,避免自私"。2号助人与支持人的行为的深层动机是求认可、求爱。因而对2号更精准的表达应该是:焦点向外的求爱者。他们渴望被爱、被人感激和认同;他们善解人意,有同情心,热情地去帮助他人、满足他人需要;他们希望成为关系中最重要的存在。

在给予别人爱和温暖的过程中,他们的内心会得到满足,觉得自己的存在是有价值和有意义的。

如果用一种动物来类比2号的这些特质,我们觉得兔子是非常合适的。

亲和可爱

兔子看起来就很温暖、很有亲和力,让人忍不住想去亲近它、抚摸它甚至抱抱它。

2号在九型人格属于关系迎向组。他们内在的心理渴望是要呈现:我是有爱的,我是被需要的,我是对人有帮助的。因此2号通常从长相、外形、气质等方面都会给人很有亲和力、很热情的感觉。

善解人意

兔子很聪慧敏锐、善解人意，因此很容易被家养，与人相处十分和睦。

2号对于关系非常在意和重视，他们对他人的需求十分敏感，富有同情心、乐于助人。他们会设身处地地为别人着想，真诚热心。

因此，他们给予别人的帮助常常是别人真正需要的，就算会给自己带来麻烦他们也照做不误。所以善解人意的他们通常都有不错的人缘。

有位朋友说，有一次她组织聚会，大家坐在一起喝茶聊天吃东西，聊得热火朝天忘乎所以，她自己也忘了照顾客人。有一个和她关系特别好的2号朋友自然而然地注意到谁的杯子没有水了，拿来热水给大家倒上。

等聚会散了，这个2号朋友回去安顿好家里的小朋友，又主动返回来帮助主人收拾客厅。这让我朋友相当意外。2号朋友完全可以不回来的，但是她说："你已经很忙了，最后收拾战场是很琐碎的，我不帮你，你多辛苦啊。"

也有很多2号朋友说，当朋友有烦心的事想倾诉的时候，他们几乎都很愿意出现在朋友身边，通过耐心的陪伴来体现自己被需要的价值。

曾记得有位2号朋友分享：她的好朋友失恋了，打电话给她，一聊就是两三个小时，虽然她自己也有很多事情要去做，但她无法说出"哎呀，现在我很忙，你先找别人吧"这种话。因为她觉得对方正处于需要人陪伴和倾听的时候，自己又怎能挂了电话去做别的事呢？如果这个时候弃之不理，那对方得多么伤心落寞啊，自己不能做这种自私而没有爱的人！

忘我相助

有一个关于玉兔的传说：

有三位神仙，化身为三个可怜的老人，向狐狸、猴子及兔子乞食，狐狸及猴子都拿出了食物接济老人，但兔子没有食物，于是它告诉老人："你们吃我吧。"说罢，就跳进了烈火中。神仙们大受感动，便将兔子送到广寒宫，和嫦娥相伴。

当2号观察到了他人的需求时，他们就立刻看到了可以让自己实现自我价值的机会，所以他们通常都会倾力相助。这往往会让对方非常感动，从而使得双方关系更近一步。

在助人的过程中，如果碰到力所不能及的情况，别的型号的朋友往往会量力而行，2号朋友却往往不自觉地压抑自己的需要，即使"舍命"，付出代价，也要去想办法帮助他人。

有个2号朋友分享过一个案例：A同学向他借钱，他明知道A的口碑不是太好，而且他自己钱也不够，可是他觉得A很需要这笔钱，他还是去向亲朋好友借钱，然后把钱借给A。结果A还不了钱的时候，他只好自己攒钱还债。

因此，如何把握好这个"度"，如何在自己的需要和他人的需要之间找到平衡点，既能在帮助别人的过程中满足自己"有爱"的心理需求，又能不委屈自己，这可能是2号朋友一生都需要做的功课。

兔子急了也咬人

平时善解人意的兔子，当其受到攻击或面临危险的时候，也会突然咬人。人们用"兔子急了也咬人"来形容一个人在承受过大压力的时候会出现和平时不一样的攻击状态,从"暖心兔"变为"霸王兔"。

在九型人格中,2号朋友在受压的时候会去到8号领袖型的位置,会不同程度地呈现出8号的一些负面行为,变得更加直接和有力,更容易表达个人的愤怒,更喜欢通过一些方法来强迫和操纵别人。

2号助人型人格的全面解析

2号助人型人格的"三观"

世界观:世界应该充满爱,我是爱的使者。
人生观:我要拥有有爱的、能支持他人成功的人生。
价值观:一个善良、付出、被需要的人是值得被爱的。

2号助人型人格的心理渴望与行为呈现

渴望被爱、被人感激和认同。他们正向亲和、善解人意,富有同情心,热情地去满足他人需要,期待自己成为关系中不可或缺与不可替代的重要人物。

2号助人型人格的核心特质

(1)理想化形象:我是有爱的/我是善良的

2号作为3号的外化型号,与3号通过自身的优秀和能力来实现自我价值不同的地方是——2号需要通过支持或帮助别人、爱别人或为别人付出来实现自己的价值。2号渴望自己在别人眼中是可以提供支持的、善解人意的好人形象。

（2）基本恐惧：自私与不被需要

伟大的特蕾莎修女（2号）说："今天最大的疾病不是麻风病和结核病，最大的疾病是——不被需要。"特蕾莎修女还说道："我们以为贫穷就是饥饿、衣不蔽体和没有房屋，然而最大的贫穷是不被需要、没有爱与不被关心。"

（3）关键词：关系

关系是2号爱与被爱的载体，所以关系对于2号来说像空气一样熟悉和重要。为了获得他人的认可与爱，2号建立了一套敏感的"他人需求"探测仪，他们能迅速探测到别人的情绪与需求，然后热情地去满足他人需要。其内在期待自己成为关系中不可或缺与不可替代的重要人物。

克劳迪奥·纳兰霍对于2号助人型是这样表达的："他们并非真的很乐于助人，而是有策略地助人。"

所以说，2号并不是要把自己的爱给予所有人，2号通常会帮助的首先是自己眼中的"好人"，那些值得尊重的"好人"、值得爱的"好人"、值得同情的"好人"。2号与这些"好人"建立关系，从而获得他们的爱。

在初学九型人格的阶段，我们通常容易被"助人"这个词迷惑，以为2号的"助人"是不需要回报的，甚至很多没有觉察的2号也经常把"我的付出不需要回报"这句话挂在嘴边。其实我们仔细去研究2号，他们的行为是"助人"，动机是求爱，而且这个"爱"对2号而言是要最重要与不可或缺的。只是他们在求爱的过程中不会表现得那么直接，所以我们称2号这种不是那么直接的"求爱"模式为"次级获益"。

（4）关键词：支持

2号为了获得良好的人际关系与爱，通常都有一种先人后己的支持模式。当2号身边的"好人"需要他们的支持的时候，他们往往都以牺牲自己成全别人的方式去支持对方，哪怕自己苦一点儿、累一点儿。

当然，有觉察的2号朋友分享道："其实我们2号并不是喜欢支持别人，而是我们需要在支持别人的过程中体现自己的价值。"

（5）关键词：多个自我

2号为了获得"好人"的认可与爱，可以不断调整自己的角色与状态。譬如，在一个强大的管理者面前可以表现一种全力且有力支持者的能者形象，甚至是受保护的温婉形象；但在一群弱者面前又调整为一位强大的保护者形象。所以说，如果3号可以为"目标"而成为"变色龙"，那2号就可以为"爱"而成为"变色龙"。

2号助人型人格的思维执念：讨好（迎合）

2号的思维执念是：要想很好地生存下去，就必须获得他人的爱与认可。所以他们把与别人的关系视作维持生存的最重要的条件。这样的执念让2号朋友总是自动化地去改变自己而讨好（迎合）他人。

以2号的亲密关系为例，2号在亲密关系中特别倾向于为了追求强势的伴侣而调整自己。他们为了对方可以完全放弃自己的生活和兴趣爱好，把注意力全部集中在伴侣所期望的形象上。但是他们在为了讨好对方而调整自己时，又容易产生一种失去自我的失落感。一方面要不断调整自己来满足对方的期待，另一方面又想做自己喜欢的事情，这会让他们内心充满矛盾。

2号助人型人格的情绪激情：傲慢

克劳迪奥·纳兰霍在书中写道："在2号心目中，自己的形象都是高尚到闪闪发光的，需要不断得到别人的爱和欣赏才能满足。2号朋友需要确保自己在别人眼中是不可或缺、不可替代的，他们根本不知道自己依赖别人已经到了何种程度。"

2号在关系中是矛盾的存在，2号经常分享说，他们在关系中常有卑微到尘埃的感觉，但又时时觉得自己的品德与灵魂比别人都高尚。而且他们相信自己是给予者不是接受者，他们经常挂在嘴上的一句话是：施比受更幸福。

2号助人型人格的主要心理防御机制：压抑/自我抑制

2号的心理防御机制"压抑"（repression）主要体现在：为了建立友好、有爱的关系，2号容易在关系中成为付出的一方，甚至觉得自己的付出是不需要回报的，并且认为自己总是一片好心。

由于2号总是自动化地压制自己的需求来满足别人的需求，所以他们往往会对自己的伴侣或者身边有权威的人产生强烈的依赖感，以平衡内心的失落。与权威的联系能够保证他们的生存，还能让他们维持支持者的好人形象。

当负面情绪升起来的时候，2号有两种反应：发脾气和忍下来。让2号可以忍住的原因是有一个声音说：你不应该，这样做不好、不对。因为要有一个好形象，2号会放弃很多属于自己的利益。比如，生活中，总会被要求帮忙代买东西、顺路捎东西，一次两次是可以的，时间久了就会积累很大的负面情绪。

2号这种压抑自己满足他人的行为的深层动机还是获得有特权的爱，如果他们一直得不到这种特殊的爱，最后有可能导致的DSM类型是歇斯底里型和过度依赖型。

2号助人型人格在职场中的行为特点

① 利他为先，善于发现团队成员优点并挖掘其潜力，能欣赏强者亦可同情弱者，但容易出于怜惜或关系而忽略制度。

② 善于激励他人，人际关系比较好。

③ 善于从事营销、人力资源和一些开创性工作。

④ 协作性比较强，为了关系可以忽略自己的观点及立场。

⑤ 尽自己所能将分内工作做到最好，但容易因为满足他人的需求而放下自己的本职工作。

⑥ 以人为本，从他人的感受出发，容易从他人的立场想问题。

快速识别2号助人型人格的"黄金三步"

快速识别2号助人型人格的"黄金三步"如下。

一 观气质

观神态：甜美、温柔、有爱。

观张扬度：中。

观目光：柔和、热情、有爱。

观表情：多微笑，但2号在压力状态下容易撇嘴、挑眉，让人有距离感和压迫感。

观肢体语言：柔软，动作幅度适中。

二 听其言

（1）听语言模式

亲和、家常、朴实。注重心灵沟通，容易给予别人建议。给人一种"得到你的注意力或赞同，我才会感觉良好"的感觉。

（2）听常用词汇

爱与被爱、感受到、他人舒服与不舒服、好不好、行不行、可以不可以、他人的感觉怎么样、你觉得呢。

三 问动机

问关系：对你来说，关系有多重要？你会为好的关系做些什么？

问支持：对你来说，帮助和支持你认为值得帮的人有多重要？这会占据你多少时间和精力？

问同情心：我们身边有些朋友是同情心非常丰富的人，你是这样的人吗？请举例说明。

问压抑：你在关系中能感受到对自我需求的压抑吗？

问迎向：为了建立良好的关系，你能觉察到你在关系中迎向的行为吗？请举例说明。

2号助人型管理者的领导力优势与局限

通过前面的内容，我们对2号助人型人格有了相对全面的了解，现在可以对2号助人型管理者的优势与局限进行总结了。

2号助人型管理者的优势

（1）自动洞察他人需求

2号有一个内在信念——"我是一个利他的人，我是能满足别人需求的人，也能支持到我想支持的人"，所以2号的雷达能全方位探知到身边人的需求，他们很自然地把注意力的焦点放在他人的需要和喜好上，让自己拥有利他、善解人意的管理者形象。

（2）善于建构良好人际关系

关系对于2号来说像空气一样重要，我们前面提到过2号会因为爱（关系）而变色，所以总体上来说2号是善变的，他们在不同的人面前会表现出不同的特征。2号管理者对人有爱而友善；他们知道面对什么人应该说什么话，对于语气语调、眼神表情甚至肢体动作都拿捏得恰到好处。

（3）善于激励他人

2号管理者非常正向、乐观，他们特别容易看到下属的闪光点并给予激励，也能够及时发现下属工作上的问题而协助下属改进。2号管理者也会因为维持关系而尽量采纳下属的意见。

（4）欣赏强者、同情弱者，尽力帮助他认同的人

2号管理者特别欣赏那些有能力的下属，对于那些能力差的下属也会不厌其烦地尽力帮助他们提升。

（5）乐观主义，讨人喜欢

2号与7号、9号一样，属于乐观正向组。2号也是心区三种类型中最正向的型号，他们相对于3号，更不害怕失败，更容易从失败中走出来，带领团队取得好的成果。

（6）尽职尽责，身先士卒

2号管理者只要感觉有值得付出的团队或者个人，就能发挥出潜能，为团队尽职尽责，努力工作；他们对于又苦又累的工作总是以身作则。

2号助人型管理者的局限

（1）很难听取与自己不同的见解

因为骄傲，2号管理者总会感觉自己是专家或能力很强，对于自己已经得到效果证明的见解，他们不愿意被质疑，更不愿意被自己不认可的人质疑。他们很难听进与自己想法相左的意见，除非是能力高

于自己的人的意见。

（2）过度重视人际关系

2号管理者因为过度重视人际关系，在管理过程中经常会出现对人不对事的现象，尤其遇到自己认同的人犯错时，2号管理者考虑的是如何让这件事不了了之，这对于一些制度的严格执行是一个很大的挑战。

（3）过度关心他人

把握界限是所有2号的课题，2号对于别人的需要非常敏感，他们经常能够非常准确地感受到他人的需要，但这种特质也让他们容易越界——他们容易忘记每个人都有自己的隐私或自己的生活习惯，人与人之间需要保持合适的界限，因此2号管理者很容易被人认为爱"多管闲事"。

（4）很难说出自己的需求

2号管理者在与团队成员互动的过程中是自动满足大家的需求的，而当自己有需求的时候，他们也期待大家能主动给予支持与帮助。所以要让2号管理者主动表达个人需求是一件很不容易的事情。

（5）表达方式不够直接

2号管理者为了维护自己好人与善良的一面，经常菩萨心肠有余、霹雳手段不足。尤其遇到两位下属意见不一致时，他们很难决定用哪个方案，有时给下属"和稀泥"的感觉。

（6）没有意识到付出是期望回报的

2号管理者心中总有一个很大的假象：他们总觉得自己的付出是不需要回报的，但事实上付出都是需要回报的。

2号助人型管理者的六维领导力素质修炼

请以你对2号助人型管理者的了解，给他们的六维领导力用"5—4—4—3—3—3"的标准打分，然后看一下专业研究团队对2号助人型管理者的六维领导力是如何打分的（见图7-1）。

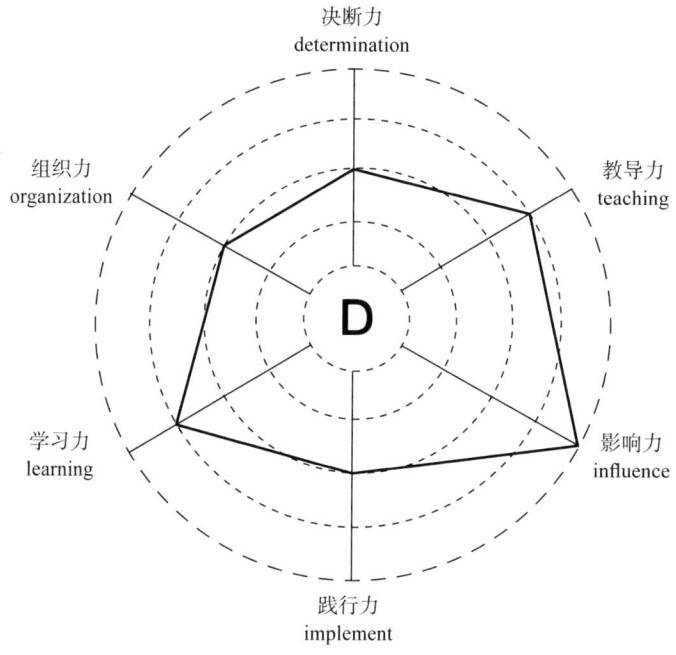

图 7-1　2号助人型管理者的六维领导力

影响力：5 分

2 号管理者的价值观是"起心动念利他，一切美好自来"，他们心中总是装着公司的利益、大家的利益、他人的利益，可以做到先人后己、先公后私。2 号管理者将他人的事情放在心上，总是力所能及地去支持他人、帮助他人，因此他们即使没有太大的权力，也能影响一些人自发、自愿地跟随他们，能影响他人的心智模式和行为方式。所以 2 号管理者的影响力为 5 分。

教导力：4 分

2 号管理者是典型的"因成就他人而成就自己"的管理者，他们非常乐于教导下属，支持下属的快速成长。所以 2 号管理者的教导力为 4 分。

学习力：4 分

首先，2 号管理者自己就是追求上进的人，他们非常喜欢学习，乐意接受新生事物。其次，他们也很想通过自己的快速成长帮助到更多的伙伴。所以 2 号管理者的学习力为 4 分。

组织力：3 分

2 号管理者虽然在设计组织结构、配置组织资源、融洽人际关系、利用提升组织中团队力量达成目标等方面的能力比较强，但是在制度、流程、规范组织运行过程中，往往会因为关系，让执行的最终效果打折扣。所以2号管理者的组织力为3分。

践行力：3分

2号管理者为了关系，做不到如军队般的执行力，很难做到优质、高效地将决策转化为成果。所以2号管理者的践行力为3分。

决断力：3分

2号管理者为了关系在工作中对行动的时间、空间、内容和形式造成误判，而在最终选择最优系统行动方案时打折扣。所以2号管理者的决断力为3分。

综上，2号管理者提升领导力有三大方向。

第一，善补不足。

在决断力、践行力或者组织力中找出自己此阶段的最弱项（甚至3分都不足的项），通过相应的方法将其补到3分以上。

第二，发挥优势。

影响力是你的最强项，用你的大爱、付出以及对人性需求的洞察去影响和引领团队伙伴，给团队领导力创造最大价值。

第三，借力互补。

譬如，如果觉得自己的践行力不够强，那你的直接搭档就要有很强的践行力，从而达到互补的效果。

管理激励 2 号助人型下属的五个技巧

以下总结了在职场中管理激励 2 号助人型下属的五个技巧。

让他们感受到自己不可或缺

2 号在尽自己所能做好工作的同时，希望自己在团队中是一个重要的存在，更希望自己是团队中不可或缺的一分子，因此当管理者表达出这个想法时，2 号会更加努力去做事。如果管理者偶尔给 2 号下属一个小惊喜，让他们感受到自己在上司心中与他人不一样，他们也会更加努力。

布置任务时给予明确的方向和标准

2 号会按照上司交代的要求和标准，尽自己所能去做工作。如果上司没有清晰明确的要求和标准，2 号会感到无所适从，或自己想一个标准，有可能这个结果与上司要的是相左的，甚至会给 2 号留下"上司不懂"的印象，久而久之，2 号会选择离开。

欣赏他们的热心、热情和友善

2 号的过度热心、热情和友善是不由自主的行为，因为他们希望团队氛围其乐融融，这时管理者一定要理解和欣赏他们，也可以适当给予其一些建议，他们会努力调整的。否则 2 号被打击，其积极性将受到影响，甚至会选择离开这个团队。

理解他们执行制度时开的"小后门"

虽然2号会在执行制度时偶尔开个"小后门",比如迟到、早退这类行为,但对于原则性的、大是大非的事他们还是会坚持的,他们依然会以公司利益为前提。

无论对他们说什么、做什么,都以不破坏关系为前提

关系对于2号来说如空气般重要,2号对于关系的维系也很敏感。2号如果感觉与上司关系好,他们就会全力以赴去做,拼命地帮上司;如果让2号感受到上司的冷落、不满或嫌弃,他们会立即选择离开。

2号助人型商界名人之经典语录

牛根生　内蒙古蒙牛乳业集团创始人

• 小胜凭智,大胜靠德,当然了,只有德没有智不能胜,有智但没有德还可以胜他个一两回。

• 一个产品,抓眼球、揪耳朵,都不如暖人心。只有入心的产品,消费者在想买类似产品的时候才会想起你。

吴亚军　龙湖集团董事会主席

• 最不愿意看到的是,一个人在《福布斯》排行榜上的名次不断攀升,却不能造福于人类、造福于社会、造福于股东、造福于员工。

自测：2号助人型管理者的性格领导力测评

1. 自我觉察以下两个问题：

（1）你认为与他人之间的关系对你有多重要？请举例说明。

（2）你是如何发现别人的需要的？请举例说明。

2. 如果你自己就是2号助人型管理者，请给自己画出六维领导力雷达图。如果不是，请给身边一位疑似2号的管理者画出他的六维领导力雷达图。打分标准为：最高分5分，最低分1分。

第 **8** 章

心区 4 号自我型性格
领导力提升

我觅故我在——我是一名敏感细腻、情感丰富、注重连接、推崇创意的管理者。

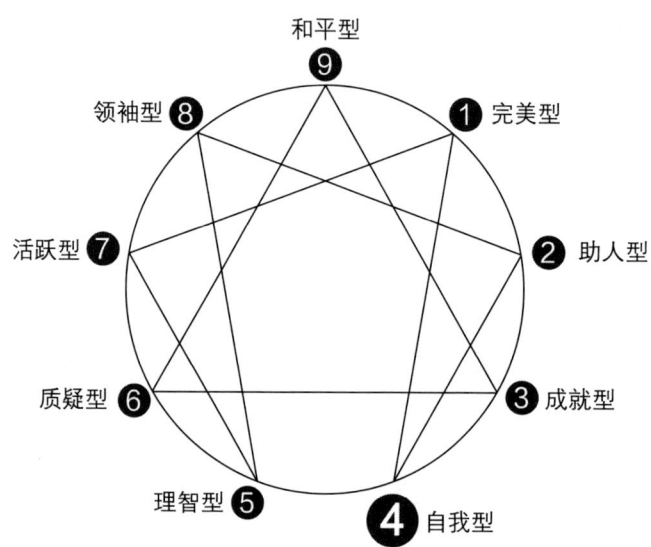

特别鸣谢两位九型人格导师对本章内容校稿的支持,他们是九型人格全球学会认证导师韩林语、国际九型人格协会认证导师郭雪飞。

4号自我型：一生找寻的无脚鸟

你见过无脚鸟吗？你也许会说"没见过"，也许会说"似曾相识"。没见过——是因为客观世界并不存在这个独特的物种；似曾相识——是因为它常常出现在另一个精神世界：或笔墨下，或荧屏中，或歌赋间，甚至美梦里。

在我们身边，也有这样一群人，他们的生命状态就像无脚鸟，虽然与我们同在一个世界，却特立独行，仿佛置身于另一个只属于他们自己的精神世界中。他们就是九型人格中的4号自我型，也称"独特型"或"悲情浪漫主义者"。到底无脚鸟是如何来诠释悲情浪漫主义者的内心世界的呢？我们也试着探寻一下。

追寻之痛

著名导演王家卫的经典文艺片《阿飞正传》里，张国荣饰演的阿飞说："我听说有一种鸟没有脚的，它只能一直飞啊飞，飞累了就在风中睡觉。这种鸟一辈子只能落地一次，那就是它死的时候。"现实中的4号也像无脚鸟一样在不停地飞，在苦苦追寻中度过，也许在寻找他们的同类，也许在寻找可以让自己栖息的地方，也许在寻找他们的缺失的部分，也许在寻找一个真正懂自己的人……

4号穷其一生都在追寻，他们追寻自己活着的意义、生命的最终价值，总喜欢思考和探寻"我是谁""我从哪里来""我将往何处去"。4号朋友认为他们本不属于这个世界，不属于这个人群，他们一直都在追寻自己的本源和灵魂的家园，希望能找到自己真正的归属。虽然不断地追寻会带来体验之痛、挣扎之痛、蜕变之痛，但这痛也正是他们感受自我存在、找寻灵魂家园的必由之路。这可能就是所谓的"痛并快乐"的生命体验吧！

在日常生活中，4号经常会去追问和考量当下发生事件的意义所在——如果站在他自己生命的视野来看待，如果用他自己生命的终极意义来衡量，当下这件事的发生是否有意义？一位4号九型导师分享——"我感觉我终其一生都在不断探寻意义，这是我生命的一个动力。具体来说，比如我会怀疑我做九型导师的意义，有时候又在思索我做萨提亚导师的意义，再一段时间我又去探寻我活着的意义。当有一些不是特别令人满意的事情发生的时候，我也会问自己，做这件事情的意义是什么？"

同时，时时刻刻牵引4号的缺失感也会让其一直处在找寻的心态中，他们希望自己能找到那个缺失的部分，实现真正的完整、真正的完美，但似乎总也没有那一天，似乎还要一直不停地找下去。

独特之美

无脚鸟其实和其他鸟一样，但是在我们想象的画面里，它却能给人以独特的美的感受。也正是因为这种没有边界、不循规条、无所限制的想象，这种独特的美感，才有大音希声、大象无形之意境。

第8章 心区4号自我型性格领导力提升

九型人格中的4号，他们的心理渴望是"我就是我（我是独特的），避免平凡"。他们活在世间的办法就是"独特""独一无二""与其他人不同"，只有这样，他们才能在这个世界找到存在感以及价值感。比如有几位4号九型导师在九型工作坊分享到一个共同的点：在学生时代很不喜欢干的一件事就是在同一个时间、同一个地点，穿统一的校服做广播体操，这种整齐划一让他们感觉太难受了。另外一位4号的九型导师分享："参加非常正式的政府会议时，别人都穿深色套装，我一个人却穿了一条波西米亚长裙。当自己呈现出与众不同的样子，感觉到自己与别人不一样的时候，我才会有存在感。在其他方面，无论是讲同样主题的课、听同样的课，或发表观点，我都会追求和别人不一样的呈现。"

4号所追求的特立独行、标新立异，并不是为了出风头，为了让别人认为他好、他优秀，只是为了"不一样"。只要与别人不一样，只要不是复制别人，哪怕在别人眼里自己是非主流甚至异类，都没关系。

4号的感觉、感受非常丰富、敏感而细腻，艺术感受力相对较强，"追求独特"这个内在深层心理需求又驱动着4号成为颇具独特审美和极富创造力的人。所以我们在生活中能看到很多的4号朋友着装不俗、气质超然，在工作中也有很强的想象力和创新能力。比如苹果创始人史蒂夫·乔布斯就是4号杰出的商业代表人物。

缺失之憾

4号与生俱来就会有一种强烈的缺失感，他们时时觉得现在正在经历的生命是不完整的、不完美的。在生活中，4号朋友总会关注自己"不足够""没拥有"的部分。如果面前有一只装了半杯水的玻璃杯，其他型号的朋友可能首先看到有水的部分，4号朋友却总是容易把注意力放在没水的部分。再比如约了一些朋友一起喝茶，当别人都在享受聚会的热烈氛围时，4号朋友却会关注到还缺了哪位朋友，心想要是那位朋友也在场就更好了。正是由于这种无处不在的缺失感，4号朋友会很容易捕捉到别人身上的美好，同时很容易照见自己的缺失和不足。因此，很多4号朋友气质都偏忧郁而深沉，并由此产生羡慕、欣赏，甚至嫉妒的情绪。

孤独之殇

无脚鸟独自在广阔天地中自由飞翔，很难与普通的鸟结伴而行。

4号也有一种与生俱来的深深的孤独感，他们的内在丰富而深邃，他们的感受纤细和精微，他们希望与他人、与世界都有最真实的、最深入的连接，而非浅显的、表面的、敷衍的交流，但现实往往令他们失望，令他们深感孤独。一位4号九型导师分享："我经常觉得孤独和疏离，有时我拼命地去说、去表达，但很少有人能够听懂我究竟在说什么，很少有人能给我理想的回应。"正是这种孤独感，让他们又启程寻找，希望能够找到那个真正属于自己的地方。孤独是伤感的、悲郁的，但又带给他们真实痛快的体验，这似乎让他们又找到了自己，又探寻到了新的生命的意义，因此很多4号朋友都会非常享受这种孤独。有一位4号朋友就说：这个世界上最不孤独的，当属孤独。

4 号自我型领导者的全面解析

4 号自我型人格的"三观"

世界观：我不属于这个世界。
人生观：我的人生是独一无二的。
价值观：真实、深刻、独特的人生才有意义。

4 号自我型人格的心理渴望与行为呈现

渴望自我了解，时刻处在对自我的探索中，并渴望内在的深刻被他人懂得。以内心感受为导向，渴望真实、深入而强烈的情感体验。无法忍受平凡及肤浅，相信凡事都有更深的意义。聚焦于遥远的、自己无法得到的东西，或现实的不足及缺憾，认为自己"本应"拥有，因而陷入忧郁与嫉妒。

4 号自我型人格的核心特质

（1）理想化形象：我就是我／我是独特的
4 号认为自己只有变得独特，才有被爱的可能。4 号需要被自己心中最爱的人确认自己存在的价值和意义。这最爱的人，在儿时就是自己的父母，成人后或许是理想中的伴侣或其他重要的人。

真实、完整、深刻就是组成"独特的我"的核心元素。

对于心区的 4 号而言，这个"我"是基于情感中心的感受。所以 4 号才会如此关注自己内在的感受，期望在这里发现"我"。

这个关注点和心区的另外两个型号是有差异的。

心区的2号、3号、4号认为内在的不够好，都来自于觉得还未达到自己的理想化形象，也就是渴望成为的样子。但4号更关注"我"本身，2号和3号则会觉得有比"我就是我"更重要的方面，所以他们的生命重心也就更多偏向了别的地方。

在处理缺失感方面，2号、3号、4号之间也有很大差异。

心区2号会更多关注正向的部分，外在呈现乐观积极的态度并带给别人正面的体验。

心区3号则会默默地鼓励自己去突破、竞争、超越，证明自己的能力和价值。

心区4号往往会不自觉地将注意力投注在"缺失"的部分，并因此而感受到自己是"不完整"的。

（2）基本恐惧：平凡与肤浅

对于4号来说，平凡意味着和别人一样；意味着千篇一律、周而复始；意味着丧失强烈的感受，丧失了心中的渴望，迷失了方向。平凡让世界变得庸俗、缺乏深度，也让世界万物的对比度变模糊了，整个世界混作一团。

没有了强烈的感受，4号觉得自己被淹没在人群之中。"我与自己失联了。""我感觉不到自己。""我究竟是谁？"

这种"没有感觉"的体验，带来一种空虚感，让4号觉得整个世界变得"无意义"、了无生趣，从而丧失了渴望，也就丧失了动力。

最大的困难是，当没有感受的流动起伏时，4号甚至感觉不到自己活着。

平凡让4号远离了"真实而独特"，否定了生命中最重要的意义，让完整的我变得遥不可及。平凡否定了生命的所有价值，4 号因此开始强烈地自我否定。基于缺失感的反省是很痛苦的，平凡的自己成了一个麻烦，极可能因此而被嫌弃，甚至被抛弃。所以在关系中，当 4 号感觉自己平凡时，其感受也变得麻木。他们很可能会出于恐惧而冲动地做出放弃关系的举动，只是为了避免被对方抛弃。

（3）关键词：缺失感

缺失感几乎可以说是 4 号世界里的背景色。

4 号能看见别人拥有幸福，却也因此对比出了自己的缺失，似乎眼前总有缺憾。

（4）关键词：真实与强烈

4 号忠于自己内心的感受，做真实的自己。真实在 4 号的世界是与内在的感受直接关联的。他们希望自己所呈现的外在行为与内在感受是一致的，常常将强烈的情绪和真实的感受等同。越是强烈的感受越是觉得真实而深刻，并根据感受的强度来做出外在的回应。

在内心感觉到悲伤的时候，他们也就很难勉强自己摆出笑脸。"我感觉自己的脸是扭曲的。""我在出卖自己的灵魂。"

当感受没有那么强烈的时候，他们反而无法确认自己的真实感受。"这是我真实的感受吗？还是我想象出来的？"

（5）关键词：意义与深刻

4 号生活的动力来自于寻找生命的意义。去触碰人们深层的情感、去发现真实的自己、去探寻痛苦之下的深意……这些主题总能拨动 4 号的心弦。

追寻生命的意义会赋予4号的生命一种独特性,让他们感觉到自己在对的道路上,通向真正的自己。

深刻,是对意义在情感层面体验的一种表达。感受越强烈,通常也对应着越深刻的体验,能激发个人的强烈渴望的事物也就因此而更具意义。

"意义"这个词的含义是很个人化的,生活中也会有一些承载着个人意义的物品,以及一些特定的仪式感。而4号是被意义所驱动的,所以也很容易因为意义的丧失和偏离而放弃。丧失了意义对4号来说也就等于陷入了庸俗,变得和别人一样,过着相同的生活,追求着同样的事物,那又有什么存在的意义和价值呢?

(6)关键词:敏感与羞愧

4号是不容易接受赞美的,别人称赞反而会触及4号的"低价值"感。"我没有你说的那么好。"

4号很容易看见自己不足的地方,并容易将别人的负面评论与自己关联。"她想说的是我吧。"

他们在人际关系上也是后退的。"如果我真的好,别人应该会主动走向我。"

(7)关键词:推拉与戏剧化

在亲密关系中,4号呈现出推拉的情感模式。

在4号的脑海里,两人之间的距离让对方的美好变得如此诱人。似乎一切都被蒙上一层薄雾,变得耐人寻味又让人心神向往。脑海中种种相逢的场景如泉涌,内在的渴望也被一幕幕的想象冲击着,变得如此强烈、欲罢不能。

可当真的相遇时，美好的想象随着彼此的接近被一点点吞噬了。在如此美好又强烈的渴望下，一丝丝瑕疵都如此刺眼。

"他怎么穿着这样的衣服。"

"好像他也并不像我想的那样……"

渴望慢慢地变成失望，甚至是梦想破灭的厌恶。

4号可能一开始变得沉默、心事重重，随着失望的蔓延，可能演变成一种间接的言语和情绪上的表现，将人拒之千里。通常对方会很困惑，除了体验着4号急转直下的情绪反差，也不知道究竟发生了什么。到最后可能因双方的挫败而激化出冲突，大家不欢而散。4号很可能因此触及"低价值"，而觉得受伤。

（8）关键词：美与艺术化表达

无论是欣赏还是表达，"美"都能给4号内在带来一种完满的体验。4号对此非常在意，自然也就格外留意。

在那一刻，所有都刚刚好。4号希望这外在的美与内在的完满感能永远定格在这一刻，或是将这一刻深深印刻在自己心里，使之成为自己的一部分。

这些瞬间就像一个个"我"的碎片，4号精心收集着，最终拼出一个完整的自己。

美，可能是一间餐厅精心的装潢。不是因为精致，而是某种极致的风格与4号的"我"相印了。某种内在的感觉被呈现出来了，产生一种很强的共鸣。"对，这就是我要的。这就是我。"

4号渴望通过艺术性的表达来传递内在的感受和真实的自己。4号总是在寻找一种不同的表达方式、一种创意，希望留给世界一个独特的印象。他们想在现实中创造出一个能探望内在世界的窗口。"我梦见了我的画，所以我画下了我的梦。"画家达利的这句话或许很好地还原了4号这种渴望。

4号自我型人格的思维执念：忧郁

忧郁，就是一种持续的失望于当下而幻想未来的思维固着状态。

林黛玉的"孤标傲世偕谁隐，一样花开为底迟"是忧郁，李商隐的"夕阳无限好，只是近黄昏"是忧郁，李煜的"问君能有几多愁，恰似一江春水向东流"是忧郁，李清照的"寻寻觅觅，冷冷清清，凄凄惨惨戚戚"更是忧郁。

4号朋友总是想回到完整的、本源的自己，但这个完整与本源不在当下，所以他们形成了幻想型人格，总是缅怀过去、幻想未来，却失望于当下。

4号自我型人格的情绪激情：羡慕

克劳迪奥·纳兰霍认为羡慕是通过和别人进行比较，从而控制和校正自身存在的激情。这类人的存在感，很大程度上取决于自己有多缺乏别人身上的可取之处，以及由此带来的挫折感。

所以说4号的情绪激情"羡慕"指的是：4号人格存在层面的匮乏感，在比较中看到别人好的部分，持续不断感到内在匮乏，想要拥有别人拥有的东西的情绪状态。

4号自我型人格的主要心理防御机制：内投

内投（introjection），也译作"内射"或"内摄"，是指把外部对象或自己所赏识的某些人物的特点结合到自己的行为和信仰中的一种防御机制。

简单来说就是：把外在的东西拿进来，以补偿内在的缺失感与匮乏感。

4号内投的具体表现大概如下：

看到天边的浮云——"那就是我。"

看到秋天的落叶——"它就像我一样。"

看到奔流的江河——"我就是这样。"

……

4号的这种内投让自己一直处在"独特"的状态中，以求得外界的认可与爱，但如果他们一直得不到自己期待的爱与认可，最后有可能导致的DSM类型是抑郁型或者躁郁型。

4号自我型人格在职场中的行为特点

① 拒绝平庸，喜欢特立独行，不注重"世俗"的价值标准。

② 追求真实，对伪装的、言不由衷的言行敏感、产生愤怒。

③ 追求深层的价值和意义，喜欢触及深层情感的工作，如痛苦倾诉热线的接线员、动物权益保护者。

④ 在众多的陌生人面前会有羞愧感，因内心情绪波动干扰语言上的表达。

⑤ 因小的"瑕疵"而否定整体的意义和已有的成果，产生放弃的念头和想法。

⑥ 沉浸在浓烈的情感或情绪中时，停止工作或无法工作。

⑦ 将时间和精力用于处理眼下看到、想到或发生的事，忘记目标和出发点，缺乏计划性和条理性。

快速识别 4 号自我型人格的"黄金三步"

快速识别 4 号自我型人格的"黄金三步"如下。

一观气质

观神态：安静、抽离。但平静的神态后面有可能伴随着波涛汹涌的情绪起伏。

观张扬度：低。

观目光：眼神有情、忧郁、迷离，容易给人淡淡的忧伤。

观表情：淡然（或夸张）、冷，容易给人一种与人群格格不入的味道。

观肢体语言：柔软，肢体语言不丰富。

二听其言

（1）听语言模式

只喜欢表达自己的感受和感觉的话题，语言感性。喜欢深入与极致，希望探索事情的核心，让人感觉到自己的价值并积极参与到沟通中。给人一种"我对事情的意义和审美有深入以及独到的见解"的感觉。

（2）听常用词汇

感觉、心情、情绪、品位、味道、独特、真实、完整、我认为、我觉得。

三问动机

问情绪：有些人能敏感地感受到对方情绪的变化和感受，对于你来说是怎样的？

问独特：对于你来说，独特有多重要？当别人说你和别人一样时，你会有怎样的感受和反应呢？

问意义：在你的一生中，深入的探索自我有多重要？对于深层意义的追求有多重要？你会花多少的精力在这上面？

问内心：对于你来说，遵从内心的感受有多重要？

4号自我型管理者的领导力优势与局限

通过前面的内容，我们对4号自我型人格有了相对全面的了解，现在可以对4号自我型管理者的优势与局限进行总结了。

4号自我型管理者的优势

（1）感受与直觉力强

4号是3号的内化型号，也就是从大的外在形象向内、向深的内在感受发展，如果说3号有大的、有亮点的外在形象和小而少的内在感受，那么4号就有一个大的、敏感而变幻无常的内在感受和小而有特点的外在形象。所以4号自我型相对心区的另外两个型号，在能量与状态上是最向内收的。因为内收所以安静，因为安静所以灵敏。故4号管理者的感受与直觉能力是非常强的。

（2）富有同理心

可能是因为4号一直在寻寻觅觅，也可能是因为4号的心理防御机制是内投，他们很容易处在一种受苦的状态之中。苦过、伤过、痛过之人才能培养自己真正的爱心与同情心，故4号管理者感同身受的同理心是他们的领导力优势。

（3）追求卓越

深刻、不肤浅对于4号管理者来说简直太重要了，他们觉得平庸的生活和商业化取向是对自己的侮辱。4号厌恶肤浅的东西，这也就成了4号管理者追求卓越的源动力。乔布斯对苹果产品的极致追求就是这方面的真实写照。4号管理者认为只有把事情做到深刻和有意义的程度，自己"我是独特的"的价值感才能体现出来。

（4）善于打动人心

4号是特别走心的一个类型，4号朋友常常觉得自己是与众不同的，感到自己的想法无法得到理解，这反而让他们更容易对那些身处困境的人产生共鸣，培养了他们由己及人的能力，所以4号管理者往往也是打动人心的高手。

（5）富于创造力

4号无法得到理解的痛苦很快会转变成对独特性的追求，同时4号追求感觉上的完美，这些都驱使他们更有创意地去看待世界，所以往往4号管理者带领的团队都是非常有创造力的团队。

（6）内省觉察力强

4号相对知道自己要什么，这有可能是因为他们一直都渴望向内走，与自己的内心在一起，也有可能是他们一直都在询问人生的意义与价值是什么。所以，4号管理者在自我觉察方面非常强。

4号自我型管理者的局限

（1）极端紧张

抑郁的感觉对于4号来说就像无底洞一样，让他们感到一种无力、无助。4号管理者在面临突如其来的压力时，特别容易感到异常紧张、不知所措。

（2）有无力感

三毛曾经说过："因为我在这个世界上，向来不觉得是芸芸众生里的一分子，我常常要跑出一般人生活着的轨道，做出解释不出原因的事情来。"三毛的这话再次说明4号与社会格格不入的状态，但更让4号痛苦的事情是，不管他们在感觉上如何觉得自己不属于这个世界，现实是他们就是芸芸众生的一员，就是没有办法拒绝自己世俗的一面。这种"独特"与"世俗"的拉扯极易导致4号管理者的无力感。

（3）很难接受批评

4号朋友分享道：我们不一定需要外界的肯定与表扬，但对外界的批评特别敏感。外界的批评容易让4号管理者产生无价值感和无力感。

（4）冷漠疏远

4号的敏感与痛苦反而练就了他们细腻、优雅的品位。这也让4号自我感觉自己是超凡脱俗的，这种精英感让他们难以从平淡生活中获得简单快乐，导致4号管理者与人总是有距离感。

（5）太情绪化

4号经常沉浸在自身的情绪与情感之中，甚至有不能自拔的状态。当4号管理者的痛苦被人忽视时，他们会感到自己无法被理解，他们的情绪可能大起大落。

（6）容易厌烦

4号太注重情感的真实性，他们渴望被感动、被震撼、被带到更高层的境界中。他们想要投入其中，过激荡起伏的情感生活。他们厌烦那些用思想代替感受的人、那些脱离自身情感的人、那些沉溺于表面情感而完全不深入的人。

在职场中有太多重复与琐碎的工作，重复代表没有创新，没有创新就会导致平凡；而琐碎就意味着平凡。这些情况的发生，都容易让4号管理者感到厌烦。

4号自我型管理者的六维领导力素质修炼

请以你对4号自我型管理者的了解，给他们的六维领导力用"5—4—4—3—3—3"的标准打分，然后看一下专业研究团队对4号自我型管理者的六维领导力是如何打分的（见图8-1）。

第 8 章 心区 4 号自我型性格领导力提升

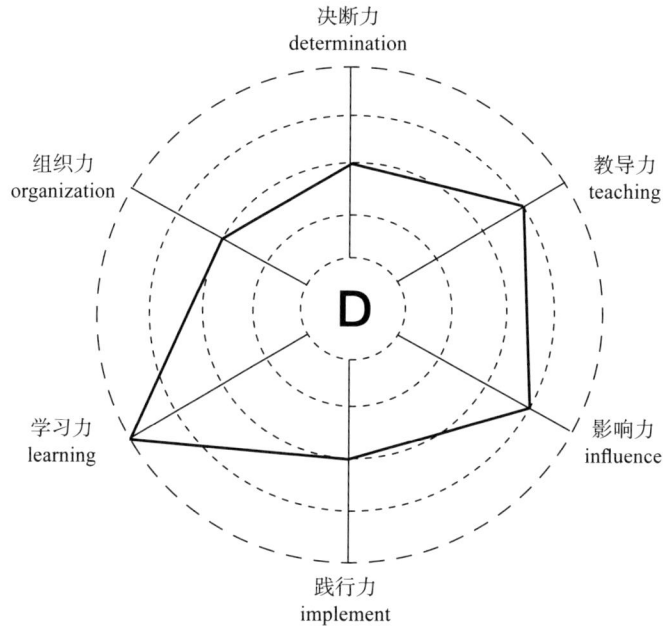

图 8-1　4 号自我型管理者的六维领导力

学习力：5 分

学习力成为 4 号管理者的最高分的原因很好理解，心区三个型号其实内在都有求好、求卓越的动力，因为 4 号追求深刻、拒绝肤浅，所以 4 号希望通过学习找到通往"真实而完整的我"的道路；另外，4 号管理者希望寻找内心的高层境界，他们总是对宗教、艺术等有深度的学问充满兴趣。

教导力：4 分

4 号管理者对下属的要求也是高标准的，但因为 4 号管理者是情感特别丰富的人，所以他们容易对下属有直接的好恶之分。如果4号管理者欣赏、看重某个下属，他们很愿意毫无保留地给予指导。所以管理者的教导力为4分。

影响力：4分

4号管理者特立独行的风格让他们很多时候对自己的感觉与直觉特别自信，更重要的是他们的每份工作与作品都必须先过自己这一关，乔布斯就是如此。乔布斯一直秉持着"做产品取悦自己"的思路推出一代又一代苹果产品。

4号管理者的这种行事风格很容易建立自己特别的吸引力与影响力，所以其影响力为4分。

践行力：3分

给4号管理者的践行力打3分的原因，一是他们太容易被自己的感觉与感受带走，当情绪来了的时候特别容易放弃行动；二是他们特别容易追求完美与极致，过分追求细节，这也会导致效率的降低。

决断力：3分

4号管理者容易感情用事，不够理性，会特别关注自己在意的部分，忘记全局的考量，其决断力为3分。

组织力：3分

4号属于心区内化的类型，他们非常容易跟着感觉走，而感觉与规范、流程往往是格格不入的。4号管理者的管理风格容易出现对人不对事的情况，在需要理性的制度、流程、规则方面容易不够专注甚至抵触，所以其组织力为3分。而且特别提醒的是——组织力很有可能会成为4号管理者的最短板。

综上，4号管理者提升领导力有三大方向。

第一，善补不足。

在践行力、决断力或者组织力中找出自己的最弱项（甚至3分都不足的项），通过相应的方法将其补到3分以上。

第二，发挥优势。

学习力是你的强项，特别是学习力推动出来的创意是你的最强项，好好发挥自己的天赋优势，给团队创造价值。

第三，借力互补。

譬如，4号管理者的组织力特别容易成为短板力，那4号管理者的搭档需要在制度、流程方面有优势，这样就能起到借力互补的效果。

管理激励4号自我型下属的五个技巧

以下总结了在职场中管理激励4号自我型下属的五个技巧。

欣赏他们的敏感和细腻

4号下属的敏感与细腻往往容易带来独特的创意和不一样的人情味,管理者要让其将优点发挥出来。

另外,管理者在欣赏之余,也需要提醒4号下属工作中目标与计划的重要性。因为研究发现,4号下属的目标感与计划性特别容易有问题,因为他们太容易产生情绪波动了。

和他们进行深层的情感沟通

4号下属在意特别的、真实的关注,不希望彼此只是表面的甚至浮夸的交流,他们特别能敏感地感受到对方是否真实与真诚,他们渴望有深度的沟通与尊重。

欣赏他们的创造力、理解力和感受力

4号下属有独特的创造力、理解力与感受力,管理者需要给予其认可与欣赏。

让他们感受、体验工作成果带给人的意义和价值

4号容易对现实工作与生活中非常实在的意义与价值视而不见,管理者应该协助他们感受、体验工作成果带给人的意义与价值。

不要让他们充当"交际人"的角色

4号朋友追求感受与表达的一致性的真实,所以在交际场合的变通性不够,这种特性容易造成社交场合的尴尬。

另外,特别需要提醒的是,4号下属的团队"合作意识"是不够的,他们在团队合作过程中容易沉迷于"自我",管理者需要不断提醒与纠偏。

4号自我型商界名人之经典语录

叶茂中　营销策划专家

• 与客户合作的"三不原则":不讲价、不比稿、不主动找客户。

史蒂夫·乔布斯　美国苹果公司联合创始人

• 你的时间有限,所以不要为别人而活。不要被教条所限,不要活在别人的观念里。不要让别人的意见左右自己内心的声音。最重要的是,勇敢地去追随自己的心灵和直觉,只有自己的心灵和直觉才知道你自己的真实想法,其他一切都是次要的。

第 8 章 心区 4 号自我型性格领导力提升

自测：4 号自我型管理者的性格领导力测评

1. 自我觉察以下两个问题。

（1）对于你来说，接触到自己很深的感受是否容易？请举例说明。

（2）对于你来说，遵从自己内心的感受有多重要？请举例说明。

2. 如果你自己就是 4 号自我型管理者，请给自己画出六维领导力雷达图。如果不是，请给身边一位疑似 4 号的管理者画出他的六维领导力雷达图。打分标准为：最高分 5 分，最低分 1 分。

第 9 章
腹区 9 号和平型性格领导力提升

我融故我在——我是一名随意、随和、不喜欢冲突的管理者。

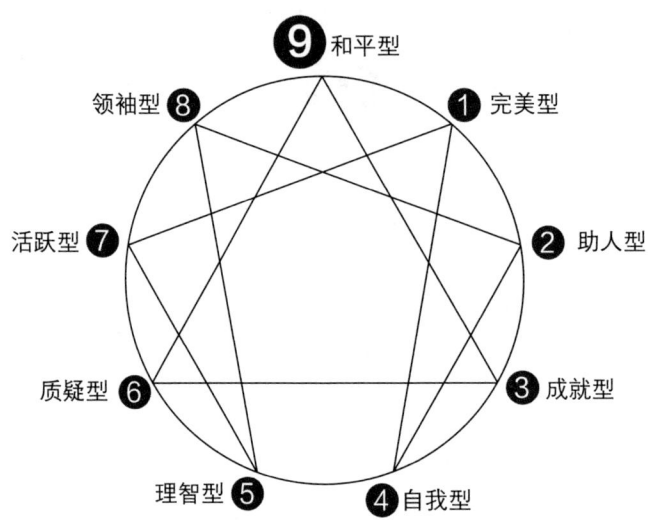

特别鸣谢九型人格导师郝少杰对本章内容校稿的支持,她是九型人格全球学会认证导师。

… 第9章 腹区9号和平型性格领导力提升

9号和平型：安静平和的大象

在九型人格中，9号被称为"和平型 / 无为者"，他们用"忍一时风平浪静，退一步海阔天空"的人生观融入环境、融入群体、融入大自然，追求天、地、人融为一体的人生体验。如果要用一种动物来形容9号，那应该是安静平和的大象。

体型圆厚，神态安详

大象体型高大，厚实如墙，行动缓慢，憨态可掬。

9号朋友通常体形偏圆厚，神态和表情比较祥和，看起来没有什么攻击性，很容易让与其交往的人觉得安全和舒服。

惯性较大，改变不易

这里的惯性不仅指物理中的惯性概念，还指习性或心性的惯性。惯性较大，意即一旦养成一种行为习惯或心理习惯，通常会不愿改变，改变起来也会比较费力。

"惯性"有可能是伴随9号一生的一个核心词。国外有一位著名的九型人格导师巴克塔在课上分享说：如果让9号自由选择的话，他们最喜欢过的就是吃饭—睡觉—看电视这样不断循环的日子，当然，如果在看电视的时还能喝可乐、吃薯片，那他们会感觉自己简直就是这个世界最幸福的人了。也许对于其他型号的人来说，这种循环往复的生活，过一天两天可以，但是天天如此，几乎无法接受，而对于9号来说，无为、不变也许就是他们的追求了。

当然，这并不是说9号都追求无所事事。国际知名萨提亚家庭治疗模式的导师约翰•贝曼博士也是9号，他就以勤奋而著称。也就是说，其实9号是很容易被惯性所固化的，9号可以把"勤奋"培养成惯性，但也可以把"慵懒"培养成惯性，一旦形成勤奋或慵懒的习性，改变起来不仅比较难，还需要借助强大的外力。

生性平和，随性自在

大象生性平静温和，虽然身体庞大，但很容易被驯服。

9号通常随和、自在，不爱出风头，不愿拿什么主意，当与别人意见相左的时候，也多采用跟随别人的方法，通常是个好好先生。

轻易不愤怒，怒即如火山

大象平时看起来很温和，但是因为力量很大，甚至能将树木连根拔起，因此连狮子、老虎都让它三分。大象轻易不发怒，一旦发起怒来，场景非常恐怖。有段话很形象地描写了愤怒爆发后的象群："在非洲的大草原上如果见到羚羊在奔跑，有可能是狮子或老虎来了；但如果见到羚羊、狮子和老虎都在朝同一个方向奔跑，那肯定是象群发怒了。"

很多学习九型人格的朋友看到"愤怒"这个词与9号放在一起可能会感到诧异，9号不是九型人格中最没有脾气的吗？说得确实没错！但"好脾气"不代表"完全没有脾气"。9号是腹中心三个号码的核心，腹中心的核心情绪就是愤怒。

相对于8号的"活火山"，9号被称为"休眠火山"。9号平时看起来是好好先生，没什么脾气，但是一旦被惹怒了发起火来，积聚已久的腹区能量全部迸发出来，就像火山爆发一样，强度、力度、冲击力、杀伤力都是很可怕的！

为什么9号看起来好像没有愤怒的样子呢？在九型研究中发现，9号的内在心理需要是要追求"和谐"，在这个内在驱动力的潜在作用下，9号很容易将自己的愤怒直接自我麻醉与否认掉，因为愤怒就会容易造成"不和谐"。但是自我麻醉不等于没有，只是自动化地将愤怒放在一旁暂时不去处理。就像火山此刻虽没有爆发，但是内在积聚的愤怒越来越多，一旦有了愤怒的导火索，9号就会一怒冲冠！

9号和平型人格的全面解析

9号和平型人格的"三观"

世界观：这个世界不会在意我的努力，我还是舒服地待着，保持平和的心态吧。

人生观：忍一时风平浪静，退一步海阔天空。

价值观：一个不添乱、不制造矛盾、不制造冲突的人是容易被接纳的。

9号和平型人格的心理渴望与行为呈现

渴望大家能和平共处，怕引起冲突，怕得罪别人，怕左右为难。他们不争名逐利，性格温顺，与世无争，不好出位，平易随和，容易给人一种懒洋洋、没有个性、慢条斯理和满不在乎的感觉。

9号和平型人格的核心特质解析

（1）理想化形象：我是和谐的/我是友好的

9号的状态代表了"和谐"，一切"变化"都是自然和按规律进行的，而不是人为地对周围的人、事、物等进行强行改变。

9号追求与环境的和谐、与团体的和谐、与身边一切事物的和谐。他们不争、不吵、不改变。所以9号朋友的生命状态很容易给人一种"上善若水"或者"道法自然"的感觉。这种顺其自然与世无争的状态既保护了9号，也伤害了9号。

（2）基本恐惧：冲突与改变

9号追求和谐，因此他们竭力避免冲突，因为冲突意味着和谐的局面被打破，意味着人际关系被破坏，还意味着舒适的状态被改变。而这一切都是9号内在不想面对的。

9号是九种性格中最不喜欢改变的类型，他们不想去改变别人，也不希望有人来改变自己。我们研究发现，在九型人格中，3号、6号、9号这三个原始型号内在的渴望完全不同，3号渴望"被认可"，认可他们的什么？能力与成就。6号渴望"被信任"，信任他们的什么？品行。9号渴望"被接纳"，接纳他们的什么？状态与行为。从中就可以看出，9 号朋友有多么不喜欢改变。

（3）关键词：融入与跟随

9 号认为世界本应是和谐的，而冲突会打破和谐。为了避免冲突，他们会让自己成为"融入者"，融入周围的人与环境中。比如让自己成为团体中的一员，支持团体的发展和决定。

对 9 号来说，两个人争吵或者意见相左，也是明显的冲突。所以在群体中，9 号为了避免和别人发生冲突，通常会选择跟随其他人的意见，保留自己的观点。

9 号不太容易说出自己的观点，因为他们在潜意识中会觉得自己的观点不重要，也担心自己的观点与他人不同会带来冲突，所以，鼓励 9 号发表自己的观点，会让 9 号更有参与感并乐于贡献自己的智慧。

（4）关键词：惯性

惯性就是一种自己不再需要追加力量也会朝一个方向移动的状态，因此惯性本身就是各方面力量达到平衡的一种和谐状态。

9 号喜欢相对平缓少变的状态和环境，不喜欢频繁的变化，拥有较强的持久力和耐力。很多 9 号有一些保持多年的习惯。在养成这个习惯之前，9 号可能需要一个"启动"过程，而一旦启动起来，9 号就比较容易坚持这样的惯性动作。同样，让 9 号改变一个习惯或者更换环境、频繁变动也挺难的，他们需要用比其他人更长的时间来适应新的习惯或环境。

9 号是慢热型的，在行动时也往往启动缓慢，所以，时间节点是很好的提醒工具，可以帮助 9 号更好地行动。若能在整个工作进程中设置 2~3 个工作节点，并定期友善提醒 9 号到哪一个节点了，或许会更好。

（5）关键词：追求舒适与节约能量

9号追求舒适自在的生命状态。他们能坐着绝不站着，能躺着绝不坐着，尽量让自己保持最舒服的状态，据说这是9号给身体充电的方式与途径。9号非常在意付出身体能量的性价比。也就是说，9号的身体会自动化评价一件事情是否需要启动他的行动。所以，9号常常处在一种省电模式。竟然有9号分享道："你不要跟我比懒，我懒得跟你比。"

针对这种情况，在工作中，9号非常需要别人提供行动框架，需要别人交代清楚工作的相关背景，譬如，为什么做，要做到什么程度，可以带来哪些益处，如果完成不了会有什么影响，以及各种注意事项，等等。

9号和平型人格的思维执念：自我遗忘

9号追求和谐，为了和谐而融入，为了融入而跟随，所以9号经常处在与自我失联的状态，这种与自我失联的思维固着状态就是自我遗忘。

9号和平型人格的情绪激情：怠惰

克劳迪奥·纳兰霍强调，9号的怠惰是指意识方面的怠惰。怠惰意味着努力保持低水平的觉知，使得任何来自情感或环境中的刺激都不会与现状发生冲突，也不会破坏已有的平衡。当9号找不到生命意义的时候，他们会用这种精神或心理上的怠惰来应对，"对灵魂充耳不闻，没有存在感，甚至分不清自己与他人的区别：灵性上粗钝不堪"。

我们来简单理解一下什么是 9 号的怠惰，其实这是一种懒于向内看的情绪状态。9 号的怠惰是一种心理和精神上的不投入。9 号会不断从自己这里分心，懒于走向自己，懒于追随自己，懒于向内看，懒于走心灵成长这样的道路。他们会把焦点放在不必要的事情上。

怠惰是 9 号的一种对心理与精神上的过度调节，是一种企图保持舒适、不受干扰的内在渴望。因此他们认为跟随他人的意愿而不是反对他人的意愿，似乎能让日子过得更舒服。但实际上，怠惰是对主观能动性的放弃，让自己无法采取正确的行动去追求生活的品质。

9 号和平型人格的主要心理防御机制：自我麻醉

自我麻醉是 9 号的心理防御机制，是 9 号用来获得和谐和平静的一种手段及途径。比如，他们会长时间地看电视、看电脑、打游戏，或者不断地吃东西，甚至只是坐在那里或者躺在那里，进入一种沉睡状态（不是真正意义上的睡着，而是一种停滞的状态）。

9 号用这一防御机制维护自己"和谐"的理想化形象，如果 9 号对这个理想化形象过度依赖，最后有可能导致的 DSM 症状是消极抵抗强迫症或者痴呆症。

9 号和平型人格在职场中的行为特点

① 在没有摩擦的情况下，9 号会很放松。他们喜欢让自己感觉舒服的工作，总是避免争论。他们喜欢工作环境有亲如一家的氛围，希望和领导、员工都保持良好的关系。

② 9 号喜欢界定清晰的程序、指令和回报，喜欢按照既定的指令

调整自己付出的精力，不喜欢突然惊喜。

③ 9 号需要借助规定来进行抉择，不喜欢做决定。他们总是照本宣科，尽量避免自主决策。

④ 9 号对风险非常小心。他们认为按照已知程序行动才是安全的，总是重复过去的成功经验。

快速识别 9 号和平型人格的"黄金三步"

快速识别 9 号和平型人格的"黄金三步"如下。

一 观气质

观神态：亲和力强，使人愿意靠近。

观张扬度：低。

观目光：柔和、平和、温和。

观表情：轻松、亲和、随意、呆萌。

观肢体语言：放松、松弛，给人舒适感。

二 听其言

（1）听语言模式

说话慢条斯理、不慌不忙，语气平平，给人一种"退一步海阔天空，忍一时风平浪静"的感觉。

（2）听常用词汇

无所谓、好、行、都可以、都挺好、你拿主意吧、你说了算、随便啦、随缘啦、让他去啦、不要那么认真嘛。

三问动机

问和谐：人际关系的和谐对你来说有多重要？生气的时候你会表达吗？

问冲突：周围有冲突时，你做些什么？

问主见：在团队中当你和别人的意见与想法相左时，你容易坚持自己的主见吗？为什么？

问惯性：你能谈谈惯性在你身上的作用吗？请举例说明。

问改变：我们身边有些人非常不喜欢改变，你是这样的人吗？为什么？

9号和平型管理者的领导力优势与局限

通过前面的内容，我们对9号和平型人格有了相对全面的了解，现在可以对9号和平型管理者的优势与局限进行总结了。

9号和平型管理者的优势

（1）善于社交

9号管理者喜欢与人为善，他们不但不喜欢与别人争名夺利，而且很愿意付出。

（2）易发展持久关系

9号管理者的友善与隐忍容易让他们在人际交往中发展持久的关系。

（3）脾气温和，包容合作

9号管理者属于脾气特别温和的人，他们是"大肚能容天下难容之事"之人，所以与9号管理者的合作通常都是挺愉快的。

（4）言行一致，富有耐心

腹区的三种类型都相对比较"轴"，也就是有点儿"一根筋"。9号虽然"轴"，却很真实。9号管理者也是言行一致、富有耐心的人。

（5）支持他人

9号管理者在支持他人方面虽然达不到2号助人型的自动化程度，但他们对于他人的请求都是非常愿意给予支持配合的，甚至可以放下自己手头的工作去支持、协助别人。

（6）善于协调不同观点

9号的深层动机是逃避冲突、追求和谐，而不同的观点容易造成冲突、不和谐，所以9号管理者为了不冲突，会自动找出与冲突方求同存异的部分，进行协调达到和谐。

9号和平型管理者的局限

（1）害怕发生冲突

9号管理者总是想避免冲突，他们总是照顾大家的想法，以便舒适地融入周围的人与环境中。所以他们往往无法很好地处理团队内部的纷争，也不能坚定地带领团队实现目标。

（2）行动时分不清轻重缓急

9号管理者喜欢重复经验与熟悉的解决方案，做事总习惯先做简单的甚至是无关紧要的部分，总有一种"还有大把时间，何必急于一时呢"的感觉，往往导致重要的事情没有足够的时间去完成。

（3）拖延耽搁、优柔寡断

9号管理者容易成为经验主义者，喜欢按照熟悉的方式面对新的事物，甚至拖延耽搁、优柔寡断。

（4）凡事没有主张

9号管理者习惯不行动的"慵懒"状态。他们跟随他人、跟随流程、跟随团队，很难自己主动改变。9号管理者很多时候都不知道自己想要什么，却非常清楚自己不想要什么。

（5）意志消沉

9号管理者没有太多其他欲求，容易给人意志消沉的印象。

（6）面对压力消极抵抗

9号管理者在面对压力时总是懒得去看、懒得去感受，期待时间能解决一切。但事实上时间并不能让一切压力都变成正向的结果，很多压力还是需要我们积极去面对的。

9号和平型管理者的六维领导力素质修炼

请以你对9号和平型管理者的了解，给他们的六维领导力用"5—4—4—3—3—3"的标准打分，然后看一下专业研究团队对9号和平型管理者的六维领导力是如何打分的（见图9-1）。

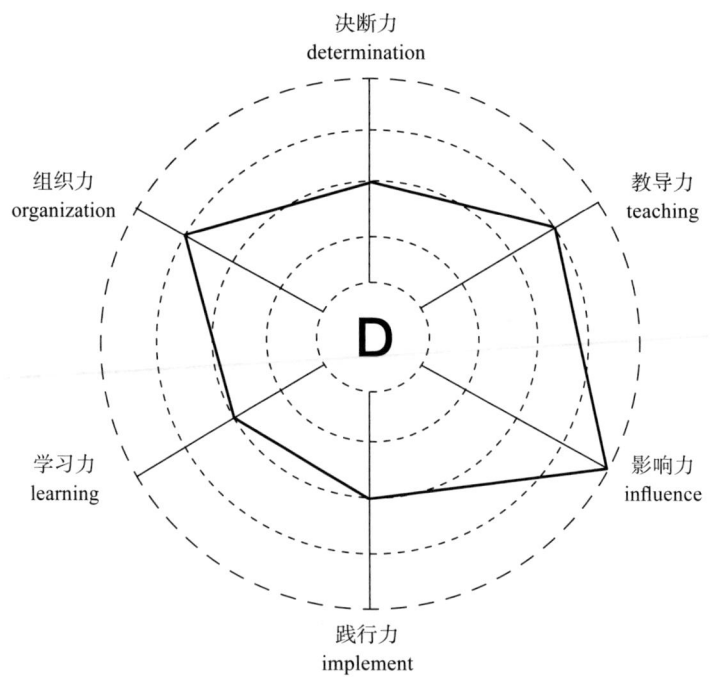

图9-1　9号和平型管理者的六维领导力

影响力：5分

给9号管理者影响力打5分，相信你一定会感到诧异。跟随友好型的性格类型怎么会有这么高的影响力？

如果要用"大智若愚"来形容一种类型的管理者，那9号管理者肯定是当之无愧的。他们是如何"大智若愚"的呢？腹区三种类型的管理者其实在意志力方面都是有优势的。以9号为例，虽然他们为了和谐，表面上会出现跟随现象，但事实上他们内在对自己的想法是非常坚定的，甚至到了很"轴"的程度，特别有那种"任尔疾风劲吹，我自岿然不动"的境界。相对于8号的硬性影响力，9号的影响力是软性的。

组织力：4分

9号管理者有很强的组织能力与细节管理的能力，总是按照规章制度有条不紊地工作着。所以我们给9号管理者的组织力打4分。

教导力：4分

9号管理者非常乐意教导下属，但是下属需要主动请教，因为9号管理者会假设不主动请教的下属没有问题。如果下属主动请教，他们可以放下手上的工作全心协助下属进行提升。所以9号管理者的教导力为4分。

决断力：3分

给9号管理者的决断力打3分的原因是，他们不是主动型的，他们在做决断的时候会期待有人协助他们一起拿主意，甚至会觉得时间能解决一切。

践行力：3分

9号的情绪激情就是"怠惰"，他们随波逐流，跟随文化与流程行动，除非遇上自己习惯与喜爱的项目，不然他们的践行力是很让人担忧的。所以9号管理者的践行力为3分。

学习力：3分

9号的情绪激情是怠惰，他们不愿意主动改变与主动进取，期待一切顺其自然。所以9号管理者的学习力为3分。

综上，9号管理者提升领导力有三大方向。

第一，善补不足。

在决断力、践行力或者学习力中找出自己此阶段的最弱项（甚至3分都不足的项），通过相应的方法将其补到3分以上。

第二，发挥优势。

影响力是你的最强项，相信你的直觉，相信自己以团队及他人为先的胸怀，形成自己独特的影响力。

第三，借力互补。

譬如，如果觉得自己的学习力不够强，那你的直接搭档就要有很强的学习力，形成互补的效果。

管理激励9号和平型下属的五个技巧

以下总结了在职场中管理激励9号和平型下属的五个技巧。

给予明确的激励和回报

9号在意工作环境，他们喜欢具有明确激励制度和回报制度的工作环境，不喜欢被忽视。9号下属虽然不会主动跳出来让人看见，但他们还是害怕被遗忘的。另外要提醒管理者的细节是，腹区的人是用身体感受与他人的关系喜恶度的。他们对别人是真心实意还是虚情假意其实有着"大智若愚"的敏感度。

注意营造积极向上的工作氛围

9号在团队中的状态有点儿像海绵。海绵会吸入怎样的水，取决于我们会把海绵放入怎样的水中。也就是说9号容易受环境的影响，积极向上的团队氛围能把9号从"慵懒"中拉出来。

把明星队员放到团队中

9号会支持某个明星队员，只要这个明星队员承认胜利源于团队的共同努力。9号下属喜欢在没有冲突的环境中工作，但如果冲突发生后，明星队员代表了相对正确的一方，9号也是非常愿意跟随他一起去努力创造价值的。

促成团队的共识

团队的共识是9号行动的最大动力。共识就是和谐，和谐会给9号下属带来动力。

协助他们形成良好的惯性

9号下属非常不喜欢改变，喜欢凭自己的惯性去行事，而惯性也有好坏之分，管理者如果能协助他们养成良好的惯性，譬如，准时的惯性、先做重要紧急事情的惯性，就有助于培养一个积极、阳光以及有效率的9号。

第9章 腹区9号和平型性格领导力提升

9号和平型商界名人之经典语录

刘永好　新希望集团有限公司董事长、希望集团有限公司总裁

- 有人说我很保守,但也有人说我很激进。其实,我就是希望我的企业能一直健康地活着。
- 今天的创业者,要有远大的理想和抱负,并学会把远大的目标分解、简化成具体的一件件事情。因为一个困难一个困难地去克服,比一下子面对一大堆困难要好得多。
- 创业20多年的磨炼对于我来说,拥有多少财富并不重要,重要的是,我拥有了创造这些财富的能力!假如我的所有财富都消失了,还可以从头再来。

丁磊　网易公司董事局主席兼首席执行官

- 花一百多万就让大家工作起来很开心,这钱要花。

张忠谋　台湾积体电路制造股份有限公司创始人

- 我不以人生辉煌作为目标。

查理·芒格　投资家

- 不能靠脸吃饭,脑子再不理性点儿,怎么办啊?
- 我们能成功,不是因为我们善于解决难题,而是因为我们善于远离难题。我们只是找简单的事做。

自测：9号和平型管理者的性格领导力测评

1. 自我觉察以下两个问题：

（1）你对冲突怎么看？请举例说明。

（2）当你遇到冲突，你会怎么办？请举例说明。

2. 如果你自己就是9号和平型管理者，请给自己画出六维领导力雷达图。如果不是，请给身边一位疑似9号的管理者画出他的六维领导力雷达图。打分标准为：最高分5分，最低分1分。

第10章
腹区 8 号领袖型性格领导力提升

我强故我在——我是一名意志坚定、作风强悍的管理者。

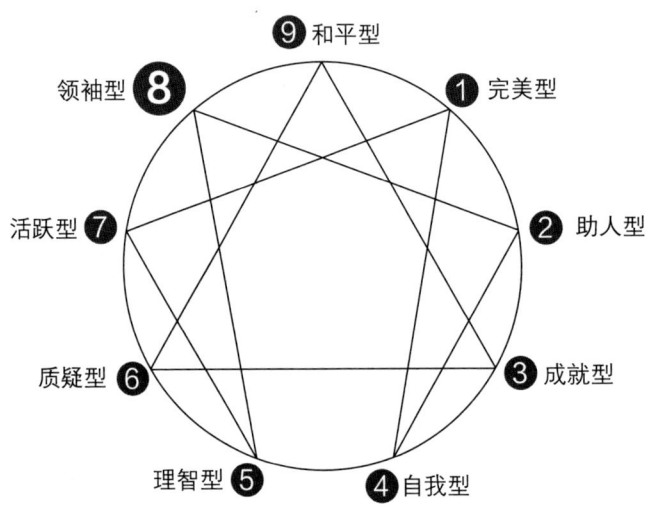

特别鸣谢九型人格导师董红梅对本章内容校稿的支持,她是中国教练师协会九型人格研究会认证导师。

8号领袖型：敢作敢当的老虎

九型人格中的8号领袖型，又叫"掌控者"，他们以"我是强大的"的信念傲视于世，他们不断以掌控与征服、保护与报复、公平与正义来展示自己是强大的。

格力电器股份有限公司董事长董明珠作为商业圈内少有的女性，有着不服输的性格，她说："别人给你那么多的荣誉，事实上是要你付出更多来换的，我很霸道，不太容易被别人改变，但是对工作很执着，坚持自己的原则。"董明珠更有一句名言："我永远都是正确的！"

如果我们要用一种动物将集霸气、豪气、大气、锐气于一身的8号形象地比喻出来，你认为哪一种动物最传神呢？我们的答案是——"森林之王"老虎。（欧美的九型导师更喜欢用狮子来形容，也是没有问题的。）

我的地盘我做主

每只老虎都有自己的领地，它们用分泌物、气味或抓痕等来界定自己的势力范围。当有其他老虎入侵自己的领地时，雄虎往往奉行灭杀政策，来减少自己的竞争对手。

8号是九型人格中最有疆域领地意识的,"我的地盘我做主"就是他们向世界发出的最强音。这个"疆域"或"地盘"不仅是地理概念,也是心理范畴。认8号为朋友的人,态度上臣服于8号的人,就是属于8号"疆域"和"地盘"中的人。在8号眼中,非友即敌,少有中间地带。对于自己的"敌人",也就是不服从自己的人、态度上不友好的人,8号也同老虎一样,奉行"灭杀政策"。所以说:8号是朋友和兄弟的天使,却是敌人和背叛者的恶魔。

气质不怒自威

老虎号称"百兽之王""山中之王",其他动物见到老虎的身影或者听到虎啸,都要赶紧逃命。老虎前额的黑纹颇似汉字中的"王"字,显得异常"有气质",不怒自威。

8号朋友在九型人格中属于高张扬度的人,通常气场比较强大,这种气场来自其强大的身体本能的能量。即使他话语不多、声音不高、表情姿态不丰富,但是在人群中,你很容易感受到他的气场,你无法不重视他的存在。这种不怒自威的气质,与老虎极其相似。

长于攻击

老虎最精良的攻击武器就是锋利的牙齿和爪子。它们捕食时异常凶猛、迅速而果断,但非常讲究策略,若没有足够的把握绝对不会动手,遇到猎物时会伏低,并且寻找掩护,突然跃出,攻其背部,咬住咽喉,直到猎物彻底死亡才松口。

8号朋友是"尚武"一族，他们习惯于对自己的"敌人"直接动用"武力"，用"铁血"手腕让对方屈服。

8号领袖型人格的全面解析

8号领袖型人格的"三观"

世界观：我遵从丛林法则，信奉弱肉强食。
人生观：我必须掌控自己的人生。
价值观：只有主持公正、伸张正义、维护公平的人才是值得尊重的。

8号领袖型人格的心理渴望与行为呈现

渴望在社会上有所作为，并担当团队管理者。他们个性冲动、充满自信、追求正义、捍卫公平、自强不息，容易在自己的地盘发号施令，替他人做主，但害怕触碰自己脆弱的一面，不屈服于人，痛恨自己的尊严受到挑衅。

8号领袖型人格的核心特质

（1）理想化形象：我是强大的 / 我说了算

8号认为这个世界是不公平的，为了公平公正，自己必须强大，只有强大才可以主宰这个世界、征服这个世界，以此寻求公平公正，达到和谐。8号崇尚丛林法则，信奉弱肉强食、胜者为王败者为寇。

为了体现自己是强大的，8号天生需要一种掌控力，即对局势的整体把握。8号害怕失控，对局势里的任何事都会事无巨细地去观察，然后做出决策，不允许失控，主要是为了赢。

（2）基本恐惧：脆弱与被掌控

8号在生活中呈现的强大，主要体现在8号认为自己无所不能这部分。而脆弱呢？正好相反，它体现的是8号无能为力的一面。当无能为力时就会出现失控与被掌控的感觉，这会让8号遭遇极大的痛苦并引发强烈的身体不适。

（3）关键词：愤怒与冲动

在腹区的三个型号中，8号的愤怒是外化的，8号会把愤怒这一情绪演绎得淋漓尽致。8号呈现愤怒的方式是冲动，因此8号处于愤怒状态时往往容易冲动行事。

（4）关键词：掌控与保护

8号有很强的地盘意识与王国意识，他们需要在自己的地盘"说了算"。为了"说了算"，他们必须掌控地盘内的一切，真正实现"我的地盘我做主"。前面说过，8号通常是"天使与恶魔"的结合体，他们会是朋友和兄弟的天使，会对其提供最大程度的保护。

8号领袖型人格的思维执念：报复

8号的思维执念是报复，而"报复"这个词很容易被理解成报仇雪恨的意思。事实上，8号报复的最终目的是征服，可以理解成教训或者教育。8号会靠自己的实力扳回这一局,赢回来,然后直白地告诉对方今天的结局是怎么来的,为什么要教育对方。8号在做出报复行为时,一定是有必胜把握的,否则他们不会出手,只要出手,就必须达到一剑封喉的结果,让对方毫无还手之力。

8号领袖型人格的情绪激情:纵欲

克劳迪奥·纳兰霍在书中写道:"纵欲是一种对什么都追求过度的激情,这种激情总是在寻找紧张刺激的感觉。纵欲的表现形式是对冲动和需求的满足有着一种无法控制的偏好。可以这么理解:他们无休无止地寻找快感,不是为了感官的享受或获得幸福感,而是这种剧烈的体验能够让他们找到活着的感觉,能够越过生活的艰辛和麻木所造成的障碍。"

8号的纵欲是纵容自己满足当下的一个欲望,比如说话会尽情地说到累了才停,做事要做到精疲力竭才觉得够,而且哪怕身体层面感觉疲劳而罢工了,但心中还意犹未尽。

8号领袖型人格的主要心理防御机制:否定

8号的心理防御机制是否定(denial)——日常习惯性的否定:不、不是的、不对。

8号用这一防御机制来维护自己"强大"的理想化形象,如果这一"说了算"的欲求一直得不到满足,最后有可能导致的DSM类型是反社会型。

8号领袖型人格在职场中的行为特点

① 以指使、命令的口吻对人说话。

② 主观强势,难以接受他人观点。

③ 易怒,怒火瞬间爆发。

④ 把一切极端化,要么全有,要么全无。

⑤ 一生追求对生命和生存的自主与掌控。

⑥ 即时满足,想要的、喜欢的必须马上得到。

⑦ 对不满及愤怒毫不隐瞒,直接发泄,不会心存芥蒂。

⑧ 支持符合个人利益的规则,反之则不然;喜欢制定规则,然后改变规则。

⑨ 首要目标是获得特定领域的控制权;我的地盘我做主,掌控及占有自己地盘内的人、事、物。

快速识别8号领袖型人格的"黄金三步"

快速识别8号领袖型人格的"黄金三步"如下。

一观气质

观神态:沉稳、霸气。

观张扬度:通常都高。8号在一切都在掌控时容易呈现出非常安静与低调的状态,张扬度与9号很接近;而在失控状态下,8号的张扬度非常高。

观目光：坚定、稳、有力。

观表情：威严、天真。

观肢体语言：动作幅度大、有力量。

二听其言

（1）听语言模式

常用命令式语言，说话直截了当、直入主题，语气豪爽。坚持自己的观点，给人一种"我就是（必须是）说了算的那个人。你必须听我的"的感觉。

（2）听常用词汇

公平、公正、正义、掌控、控制、带领、保护、远大目标、战略计划、大气、高举高打、魄力、真实、就这么定了、车到山前必有路。

三问动机

问掌控：有的人喜欢当家做主，喜欢在自己的地盘要自己说了算，喜欢掌控地盘里的一切，对你来说是怎样的？

问保护：有的人喜欢自己去主持正义、保护弱小，对你来说是怎样的？

问背叛：你对背叛怎么看？你遇到背叛怎么办？

问冲动：冲动对你来说是怎样的呢？

问过度：过度对你来说是怎样的？

8号领袖型管理者的领导力优势与局限

通过前面的内容,我们对8号领袖型人格有了相对全面的了解,现在可以对8号领袖型管理者的优势与局限进行总结了。

8号领袖型管理者的优势

(1)直截了当

8号管理者的领导风格简单、直接,甚至有一点儿粗暴。这种风格的最大好处是不用让下属去猜他的想法,大家都把事实拿出来进行商讨,然后决策,最后直接行动就可以了。

(2)自信,有威信

8号天生有一种领导者的气质,他们意志力坚定,在团队与组织中往往是不怒自威的存在。

温斯顿·丘吉尔在他的母校哈罗公学演讲时称:"绝不屈服,绝不妥协,绝不,绝不,绝不,绝不——任何情况下都不妥协,无论事情大小,也不管重大细微——除非事关荣誉与贤明,否则绝不妥协!"

(3)善于战略布局

布局的能力是8号管理者领导力方面的天赋。8号管理者在分享时经常把自己比喻成一个下棋的人,而一个下棋高手最重要的本领就是掌控全局。

(4)有推动力和践行力

8号管理者强调"不管黑猫白猫,能捉老鼠就是好猫",他们注重结果、强调行动,他们不害怕犯错与失败,他们有着超强的推动力与践行力。

1940年5月,温斯顿·丘吉尔首次以首相身份在议院发表演讲的时候说道:"我们的目的是什么?我可以用一个词来答复:胜利。不惜一切代价去争取胜利,无论多么恐怖也要争取胜利,无论道路多么遥远艰难也要争取胜利,因为没有胜利就无法生存。"

(5)精力充沛,能够克服障碍

8号管理者有一种逢山开路、遇水搭桥的领导气魄。

丘吉尔就是一位精力充沛、能够克服障碍的8号领导者。当前首相张伯伦绥靖政策失败后,丘吉尔终于等来了自己人生最辉煌的时刻,他用自己的"辉煌时刻"把英国带出了"至暗时刻"。

"大约三点钟上床时,我强烈地感到自己如释重负。我终于获得指挥全局的大权了,我觉得我好像是正在和命运一同前进,而我以往的全部生活,不过是为这个时刻,为承担这种考验而进行的一种准备罢了。"丘吉尔自己这样写道。

丘吉尔说得一点儿都没错,他过去的一切,不管是起起伏伏的经历,还是饱受世人争议的自大性格,以及永远乐观向前的冲劲,在这个人类文明遭遇最大挑战的时刻,都成为他的强项,鼓舞激励所有人坚决抵抗,奋勇前行。

(6)保护他人,帮助他人成功

8号管理者是非常强调团队作战的人,他们喜欢带领大家一起进步与取得好的结果。而且他们有很强的"我的地盘我的人"的保护意识，有很多的人特别愿意跟随这样一位能保护他们以及帮助他们成功的上司。

8号领袖型管理者的局限

（1）过度掌控

8号管理者因为对掌控的需求太高，给一些心理素质不够强大的下属造成比较大的压力，导致其能力不能正常发挥。

（2）要求过分，鄙视脆弱

8号管理者自己害怕面对脆弱，同时也鄙视脆弱，他们希望每位团队成员都能独当一面。而需要独当一面就必须强大，但强大不是每个团队成员都能做到的。

譬如，任正非在采访中直接表示，在家庭与公司中他都特别容易直接说出对方短板，对家人和不少下属都非常直接、粗暴，经常会有很"暴君"的一面。所以在8号管理者的团队中，成员们的待遇可能很好，但幸福指数不一定很高。

（3）冲动，易怒

前面讲过，8号的冲动、易怒有目共睹。这也是8号管理者在工作中应该引起警惕的。

（4）事情进展慢时会焦躁

8号管理者往往性子比较急，对行动力、执行力的需求都比较高，当事情没有按照自己的意图顺利进展时，他们会容易出现焦躁的情绪。

（5）对自己和他人期望过高

8号是无所不能与无能为力的矛盾结合体。状态好的时候能量爆棚，有一种无所不能的感觉，而且他们内在也渴望一直保持这种感觉，但现实总是会出现很多让人无能为力的情况，这就导致了期望越高失望越大的局面。

（6）当他人未达到自己期望时感到筋疲力尽

8号管理者在"我是强大的"的理想化驱动下会去规划很辉煌的"事业王国"，但谋事在人，成事在天，一旦结果不尽如人意，他们就容易感到筋疲力尽。

8号领袖型管理者的六维领导力素质修炼

请以你对8号管理者的了解，给他们的六维领导力用"5—4—4—3—3—3"的标准打分，然后看一下专业研究团队对8号领袖型管理者的六维领导力是如何打分的（见图10–1）。

决断力：5分

决断力成为8号管理者的最高分应该是很好理解的，理由有两个：一是8号的直觉判断往往是一种天赋；二是8号做决断时的全局意识

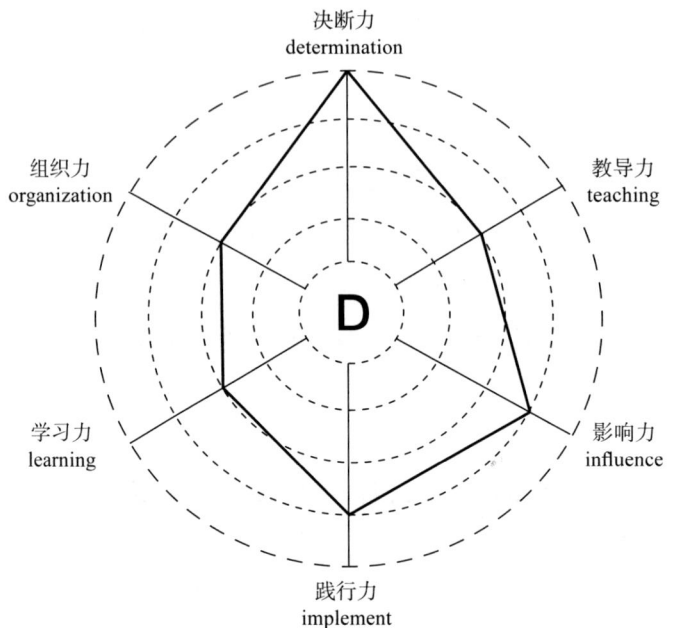

图 10-1　8 号领袖型管理者的六维领导力

是非常强的,更重要的是 8 号愿意为自己决断的结果担当起全部的责任。

践行力:4 分

8 号管理者是强力推进者与超强行动派,前面提到他们是"不管黑猫白猫,能捉老鼠就是好猫"观念的代言人。所以 8 号管理者的践行力为 4 分。

影响力:4 分

8 号管理者自信、果敢、有担当、有保护欲等特质,造就了他们比较大的影响力。所以8号管理者的影响力为4分。

组织力：3分

首先要说明一下，给8号管理者的组织力打3分并不是一件很公平的事情，因为8号的组织力其实并不差，但我们的打分规则是5—4—4—3—3—3，而且8号经常会有冲动、易怒的一面，容易出现制定规则又违反规则的行为，所以给他们的组织力打3分。

学习力：3分

丘吉尔有一句名言："我时刻准备着学习，但是我不喜欢别人给我上课。"这句话体现了丘吉尔代表的8号有自大的一面，他们在听别人的意见的时候并不是那么谦卑与开放，这会直接导致他们学习新生事物的能力下降。所以8号管理者的学习力为3分。

教导力：3分

8号管理者天生就是引领者而不是细心的教导者。另外，因为靠近8号会有一股强大的压力，导致很多下属并不敢轻易请教8号上司。所以8号管理者的教导力为3分。

综上，8号管理者提升领导力有三大方向。

第一，善补不足。

在学习力、教导力或者组织力中找出自己的最弱项（甚至3分都不足的项），通过相应的方法将其补到3分以上。

第二，发挥优势。

决断力是你的强项，用你的魅力与担当引领团队大胆行动，创造结果，给团队领导力创造价值。

第三，借力互补。

譬如，你如果觉得自己的教导力不够强，那你的直接搭档就要有很强的教导力，你们形成互补的效果。

管理激励8号领袖型下属的五个技巧

以下总结了在职场中管理激励8号领袖型下属的五个技巧。

欣赏他们

8号员工是特别需要被尊重的下属，他们相信尊严来自于实力，信奉"受尊重比受欢迎更重要"。管理者要学会欣赏8号下属的实力、正义感，以及敢于主张、不逃避困难等特质。

适度授权

8号下属有一种"宁为鸡头不做凤尾"的心理，管理者可以让他们成为项目负责人或者部门负责人，让其发挥掌控与指挥的才能，但需要设定清晰的责任权限。

不要采取模棱两可的态度

8号下属不管在言还是行方面，都比较粗线条，所以在管理8号下属的时候红线比细则重要，底线比规则有效，给他们清楚严格的界限和奖惩，他们可以表现得更好。

真诚、直接地沟通

8号下属喜欢真诚、直接的沟通，不需要有那么多担心与顾虑。实话实说对8号来说就代表尊重。管理者要用真诚赢得8号下属的信任。

鼓励其发挥自主性

只要是8号都喜欢自己说了算，员工也不例外。所以管理者只需要与其在目标、结果以及完成期限上达成共识，剩余的部分就交给8号下属，相信他们会发挥主观能动性完成目标。不要试图命令式地指派他们完成一个任务，可以征求他们的意见，让他们按自己的想法去完成。

8号领袖型商界名人之经典语录

任正非　华为技术有限公司创始人

• 我们牺牲了个人、家庭，是我们为了一个理想，为了站在世界高点上，为了这个理想，跟美国迟早会有冲突，但最终还是要一起为人类做贡献。

董明珠　格力电器股份有限公司董事长、总裁

• 企业家最大的特质是别人不做的你要去做，别人不愿意承担的，你去承担。

• 我就是不愿意靠别人，不愿意让别人对我进行可怜的施舍。

• 我们赚钱不是为了自己过得更好，而是让跟我们认识的人，或者我们能帮助的人，也能过得更好。

曹德旺　福耀玻璃集团创始人、董事长

• 国家因为有你而强大，社会因为有你而进步，人民因为有你而富足。做到这三点，才能无愧于"企业家"的称号。

• 真正的企业家根本不屑于移民国外。选择移民的都不是企业家，他只是小老板；真正成大家的、有抱负的，他不会移民，他必须向历史负责。

郭台铭　富士康科技集团创办人

• 人在困苦、饥饿的时候，头脑会特别清楚。

• 轻而易举的成功，是事业的大忌。

• 走出实验室就没有高科技，只有执行的纪律。

第 10 章　腹区 8 号领袖型性格领导力提升

杰克·韦尔奇　通用电气前董事长兼首席执行官

- 将自己的文化包括自信灌输给公司的每个人。
- 任何行业，只把眼光盯住龙头老大。
- 随时准备全面分析对手可能采取的行动。
- 换人不含糊，用人不皱眉。

史蒂夫·鲍尔默　微软公司前首席执行官兼总裁

- 在搜索和广告市场，谷歌是领头羊，雅虎第二，我们是第三。但是，我们是上进者。

自测：8号领袖型管理者的性格领导力测评

1. 自我觉察以下两个问题：

（1）不受他人支配和掌控，对你来说有多重要？请举例说明。

（2）你是如何看待背叛的？请举例说明。

2. 如果你自己就是8号领袖型管理者，请给自己画出六维领导力雷达图。如果不是，请给身边一位疑似8号的管理者画出他的六维领导力雷达图。打分标准为：最高分5分，最低分1分。

第11章
腹区1号完美型性格领导力提升

我真故我在——我是一位公正、自律，严格要求自己、同时严格要求他人的管理者。

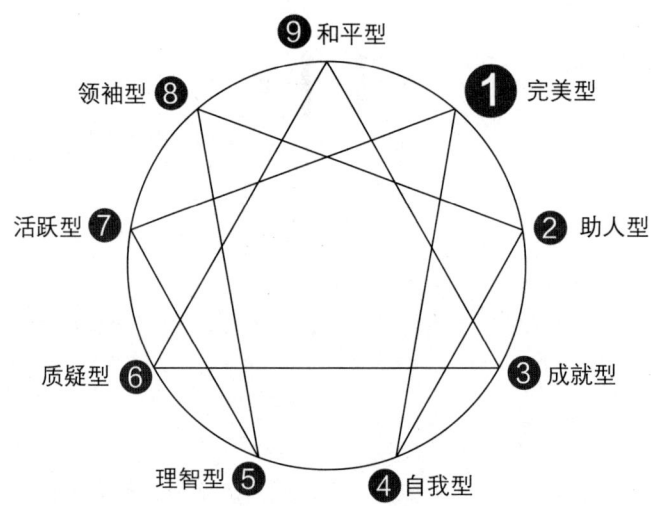

特别鸣谢九型人格导师陈林对本章校稿的支持,她是九型人格全球学会与国际九型人格协会双认证导师。

第11章 腹区1号完美型性格领导力提升

1号完美型：铁面无私的雄鹰

九型人格中的1号完美型，又叫"改革者"，他们以"正确为人生终极目标，避免犯错"立身于世，又以"锐利纠错、严于律己、铁面无私"的特点而著称于世。

为什么我们会用雄鹰来比喻1号完美型呢？请听我给你一一道来。

锐利纠错，孜孜不倦

鹰多数在白天活动，即使它在千米以上的高空翱翔，也能把地面上的猎物看得一清二楚，是鼎鼎大名的千里眼。雄鹰锐利的千里眼是用来猎取食物的，而1号锐利的眼神是用来甄别和纠错的。纠错是1号的天赋（当然，单从纠错这方面来说，也有很多九型导师会用啄木鸟来形容1号，其实也是不错的选择），很多人甚至用吹毛求疵、鸡蛋里挑骨头来形容1号的纠错能力。

我们在工作场合采访过很多1号职业经理人，他们都提到一件事情，下属交给他们一份文件，他们很容易在第一时间看到文件中的错别字、用错的标点符号、字体不统一、行距不规范等。所以很多1号管理者的下属都有一种无形的压力。

严于律人，更严于律己

《动物世界》栏目里讲述了母鹰养育幼鹰的过程：在悬崖陡壁上筑巢时，巢的最底层是荆棘，再铺一层尖锐的小石子，最上面是枯草、羽毛或兽皮。小鹰长大、羽毛渐丰之时，母鹰开始搅动窝巢，让巢上的枯草、羽毛掉落，暴露出尖锐的小石子和荆棘。小鹰被刺得哇哇直叫，母鹰则无情地加以驱逐、挥赶，小鹰只好忍痛振起双翅，离巢单飞。母鹰用这种近乎严苛的方式让小鹰学会了飞翔。

1号完美型的人确实是严于律人更严于律己的典型代表，在我们的研究中，清朝著名人物曾国藩就是典型的1号。有一个故事是这样的：

李鸿章是曾国藩的得意门生，很有才华，人也很精明，曾国藩曾经向众人夸奖说"李公精敏，人不能欺"，这足以看出曾国藩对李鸿章的欣赏。但年轻时的李鸿章早上喜欢睡懒觉，有一次曾国藩让仆人去叫他一起吃早餐，李鸿章不愿意起床，曾国藩又让仆人再次去叫并转告：只要李鸿章不起来，所有人都不准吃早餐。最后真的直到李鸿章来到餐桌前，大家才吃上早餐。早餐后，曾国藩对李鸿章说："你既然来到我幕中，我就有言相告，到我这里来的人都得守一个'诚'字。"说完此话便拂袖而去。据说当时李鸿章非常尴尬，自此彻底改掉睡懒觉的习惯。

曾国藩是否只是对别人要求这么严格而对自己相对随意呢？答案是：非也！1号的行事风格是"单一标准"，也就是：1号完美型的人要求别人做到的事情，自己必须先做到。曾国藩曾经也有睡懒觉的习惯，为此他甚是烦恼和忧虑，为了戒除此恶习，他为自己制定了"天色初亮就赶紧起床，睡醒了就不要再恋床"的规定，并严格实行。还有一次他写信给他的弟弟,其中有一段话是这样的:"余自十月初一立志自新以来,虽懒惰如故,但每日楷书写日记,每日读史十页,每日记《茶余偶谈》一则,此三事未尝一日间断。"这就是曾国藩每日必做的三件事。

在生活中,很多 1 号朋友对待自己的要求的确是很高的。他们对自己有一套内化的标准,比如,每天起床必须先打扫房屋,物品一定要分类清楚、摆放有序,文件最好排版规范,孩子应该怎样培养,等等。要达到这些被认定为"应该"的标准,必须付出很多的时间、精力。其他型号的朋友会觉得难以理解,为什么要对自己这样苛刻地要求?东西凌乱一点儿又有什么不可以呢?偶尔忽略了孩子的日程安排也没有太大的影响啊!但是对 1 号朋友来说,如果不能达到自己设定的标准,他们会很不舒服并充满了自责,所以即使别人认为再辛苦、再严苛,他们也会按标准要求自己做到。

铁面无私,对事不对人

老鹰认真执着,认为自己对的就会去坚持,哪怕付出极大的代价。传说中成吉思汗和老鹰的故事是这样的:

成吉思汗带着自己的爱鹰打猎时,在山谷里行走良久却不见水源,非常口渴。忽然看见一处山石有水一滴一滴地滴下来,他非常高兴,就用随身带的杯子耐着性子接水来喝。但每次水接到六七分,他拿到嘴边喝的时候,他的鹰就飞来把杯子打翻,如此反复几次,成吉思汗气恼地拔剑杀死了他的鹰。因为杯子掉进了山谷,成吉思汗只好顺着水滴向上爬,到了山顶,终于找到了水源——一个蓄水的池塘,但他惊讶地发现池塘里有一条毒蛇的尸体,这才明白是他的爱鹰救了他的性命。成吉思汗为此感到非常后悔，据说这件事还让他养成了"慎怒"的习惯。

九型人格中的1号朋友们在现实生活和工作中的风格，很多也是"对事不对人"的。当他们发现了错误，哪怕对方是他们的上司，哪怕指出上司的错误会影响他们的个人利益和前途，他们也会刚直不阿地指出来。因为1号要求自己"做正确的事情"，希望自己做到"我是正确的"。只有这样，1号的心里才会有内心的平静、价值感以及感受到被爱。

1号完美型人格的全面解析

1号完美型人格的"三观"

世界观：这是一个秩序混乱、不完美的世界。

人生观：我要努力不断进步、一步步走向完美的人生。

价值观：正直、善良是我的人格底线。我会发现问题并不断地改进、改良、改善。只有成为更好的自己，我才是有价值的，才会被爱。

1号完美型人格的心理渴望与行为呈现

做事力求正确、完美，有原则，有标准。常有自我批判并要求他人按自己标准去做事情的倾向。追求自我中正的评价，理性正直，时常压抑自己人性中不理性的一面，怨而不怒。

1号完美型人格的核心特质

（1）理想化形象：我是正确的/我是对的

1号天生有一种使命感，觉得自己得让这个世界变得更加完美、毫无瑕疵。为了让世界变得更美好，首先，自己必须做得正确。完美的标准从自己开始，自身先实现"我是正确的"或者"我是对的"，再以此为标准去影响和改变世界。

（2）基本恐惧：犯错与被指责

1号的理想化形象是"正确的""对的"，为了维护这个理想化形象，最好的办法就是不犯错，但是1号又很清楚：人非圣贤，孰能无过，所以他们秉持一个原则：自己万一犯错，那就必须做到"不贰过"。当1号发现自己做错了或想错了，无论任何原因，他们都会感到非常愤怒，这份愤怒是指向自己的——责怪自己为什么错，让自己陷入深深的自责。就算犯错有真实的客观理由，他们还是不能原谅自己，因为他们认为标准是客观的，对所有人都是一样的，没有什么值得辩解的，辩解本身就是一种错误，对就是对，错就是错。在"自责"的情况下如果再被他人指责（1号是可以接受别人指责的，如果知道对方说的是对的），这对于1号来说是一件雪上加霜的事情，他们会更深地自责、更加愤怒。

（3）关键词：原则与规则

中国有句古话：没有规矩，不成方圆。这很好地体现了1号对"原则"与"规则"的渴望与持守。它是1号做人、做事的标准与界限，告诉1号什么是对的，什么是错的，什么可为，什么不可为。而

1号推崇的"原则"与"规则"会演变成为纪律,所以1号管理者都非常认同一个观点:纪律通向自由。他们认为:只有建立在纪律基础上的"自由"才是真正的"自由"。

(4)关键词:公正与唯一性

1号追求完美,所以在体内嵌入了一把标尺,时时刻刻都在测量着身边的人与事。1号认为任何事情都应该也必须是公平、公正的,而且这种公平、公正的标准是唯一的。一旦失去了唯一公平、公正的标尺,是不可能得出正确结论的,所以,1号在很多时候都处于"一根筋"状态,这导致了他们的变通能力相对较弱。

(5)关键词:自律与他律

1号在面对规则时,不需要别人来要求自己,只要知道界限在哪里,他们会自觉自愿地遵守。而且,无论面对什么样的人和事,1号都会找到界限或者自己应该遵守的规则,并严格要求自己去执行。1号遵守规则首先是指向自己的,即:1号会先要求自己做到,再要求别人按自己的标准做到。他们有一个内在的声音:自己做不到的,是没有资格要求别人去做到的。故我们称1号的朋友为"单一"标准的人。

1号完美型人格的思维执念:不满

1号的内心世界有一个唯美的梦:这个世界是完美的,一切都在一个恰当的轨道上以恰当的方式在运转,是毫无瑕疵的。而现实生活的反差让1号感到心中的梦想家园总是有瑕疵,不能令人满意,总是有很多需要改进的地方。相较梦想的完美,瑕疵又是那样触目惊心、那样刺目。1号有着发现瑕疵的本能天赋，面对再好的人与事，也有能力去发现点点滴滴的问题或瑕疵，并且做得不费吹灰之力。同时，1号思维模式比较负向，专注于瑕疵和问题点，所以他们永远都能找到一个可以更好的办法，无法让自己感到满意。并且，1号的"不满"是随时随地的，如同血管里的血液，流淌到哪里，就会在哪里发现问题，找到瑕疵点。只要发现问题或者瑕疵，1号就会自动化出现不满（怨怼）的情绪。1号又认为一个经常带着愤怒、发脾气的人是错误的、不对的，所以他们会马上启动"反向形成"的防御机制，表面上呈现出"怨而不怒"的状态。

1号完美型人格的情绪激情：愤怒

克劳迪奥·纳兰霍强调——在九型人格中我们把愤怒（anger）理解成一种情绪激情，需要将愤怒（anger）与另外一种情绪——暴怒（rage）区分开来。

我们都知道，暴怒是人在面临危险和侵略时的一种很有破坏力的情绪反应，而愤怒则不同，它是一种激烈又无法控制的本能冲动，是人原本完整的充实感被打破之后所面对的存在性空虚。

1号在面对现实中太多的问题、不守规则、邪恶、虚伪时，心中那片唯美的净土被破坏了，他们会迅速地升起一股怒气，但他们又会压抑这股愤怒。因为发火是不对的，于是他们选择压抑住这股愤怒，不让它喷发，但它又是真实的存在，在这种情况下，他们的面部表情是僵硬而有点儿扭曲的，但他们自己不知道。1号可以感受到这种情绪在身体里的涌动，自己觉得这种情绪是在掌控中的，不会表现出来，但事实上其脸上的僵硬与扭曲已世人皆知。

1号完美型人格的主要心理防御机制：反向形成

1号的心理防御机制是"反向形成"（reaction formation）。反向形成的字面解释是，把无意识之中不被接受的欲望和冲动转化成意识中相反的行为。换言之，外在的行为与情感表现与其内在的动机是成反方向的。对1号的"反向形成"最简单的理解就是：他们活在"应该"的世界里，他们只会去想应该想的事，去做应该做的事，或他们只知道"应该"做什么而不知道"喜欢"什么，这里面似乎有一点点"压抑"的成分在。前面讲到，2号的心理防御机制是自我压抑。但1号和2号压抑的动机不同，1号的动机是要做一个好人，一个正直、善良的人，与外人无关、与形象无关，是自我的标准；2号是为了对外发展，与别人建立关系。

另外，1号的深层心理需求是"正确"，如果做自己喜欢的事，不顾他人感受，不管道德的规范，内在的评判会告诉自己这是自私的、是不对的，与深层的心理需求不符合。1号会用应该做的事、对的事严实地覆盖自己喜欢的事，特别是冲动和意欲，用做应该做的事、对的事来抵消对自己的愤怒、自责及内疚。长此以往，1号会把自己应该做的事等同于自己喜欢做的事，认为自己应该做的事就是自己喜欢做的事，忽略掉自己真正喜欢做的事，从而根本不知道自己喜欢什么。所以，1号很多时候真的不知道自己喜欢什么，只知道自己应该做什么，而且"喜欢""不喜欢"是不用考虑的。1号会把认为正确的事转化成自己应该做的事，把愤怒包裹起来，掩埋掉自己的意欲，继而让自己专注在正确无误的事上。通过把事情做对，来获得自我的价值，收获爱与被爱。

1号不断启动"反向形成"防御机制的行为，是一种自动化地避免错误、维持正确的模式，如果此模式走向极端，最有可能导致的 DSM 类型是强迫型。

1 号完美型人格在职场中的行为特点

① 实干者，擅长将抽象的方法变成一步一步的具体措施。
② 关注细节。把过多精力投入到细节上，忽视了大方向。
③ 特别注重与道德有关的表现：纪律、礼貌、形象、尊重。
④ 重视简历和个人记录，并会确认其真实性，坚信只有诚实的人才值得培养。
⑤ 喜欢为认同的目标、有正义感的管理者、有团队精神的团队努力工作。
⑥ 专注于工作是职业道德或规范，是自我标准。快乐源自于正确无误、出色地完成工作。

快速识别 1 号完美型人格的"黄金三步"

快速识别 1 号完美型人格的"黄金三步"如下。

一观气质

观神态：有礼貌、得体、大方。
观张扬度：中。
观目光：冷静、坚定、锐利。

观表情：严肃、认真。

观肢体语言：硬、规范，相对板正。

二听其言

（1）听语言模式

1号的语言表达风格是就事论事，往往不带有过多的感情色彩，他们会站在比较中正的立场说事情，声音显得有点儿硬，缺少抑扬顿挫，没有充沛的情感。有的人会觉得他们严肃、刻板，没有亲和力。他们往往会直接指出问题，言辞简明扼要、干脆利落，无模棱两可的字句。讲道理时语速偏快，注重表达是否完整正确，往往给人"说教"的味道，让人有一种"人人都应该力求完美，我能做到，你也应该能做到"的感觉。

（2）听常用词汇

应该/不应该、对/错、必须/否则、原则、立场、标准、制度、规定、程序。

三问动机

问细节：我们身边有些朋友非常注重细节，非常认同细节决定成败，你是这样的人吗？

问原则：原则与规则对你来说重要吗？有多重要？为什么？

问对错：我们身边有些朋友的世界是非黑即白、是非分明的，没有灰色地带，你是这样的人吗？

问完美：你如何看待不断进步、成为更好的自己的人的？你是这样有追求的人吗？为了做得更好、更完美，你会做些什么？

问愤怒：你经常生气吗？生谁的气，自己还是别人？生气时会跟别人发火吗？你能感受到自己的愤怒情绪吗？你是如何处理你的愤怒情绪的？

1号完美型管理者的领导力优势与局限

通过前面的内容，我们对1号完美型人格有了相对全面的了解，现在可以对1号完美型管理者的优势与局限进行总结了。

1号完美型管理者的优势

（1）以身作则，组织性强

1号管理者相信"其身正，不令而行；其身不正，虽令不从"，故1号管理者是以身作则的模范。他们认为，自己做不到的不会要求别人做到，但自己能做到的，别人也应该无条件做到。另外，他们在管理中非常推崇流程、规则、制度、以身作则，这使得他们的组织、团队观念特别强。

（2）力求高品质，追求更好

1号管理者会从出色完成工作中来获取快乐。他们会要求自己专注于或沉浸于工作中，他们为了获得高品质的工作结果，会全力以赴地投入工作。他们仔细制订各种计划与表格，认真考虑各种可能性，合理分配资源与责任,并制定应对意外的策略,同时将策略落实到具体的人身上,规定完成时间,力求做到毫无瑕疵。

(3)始终如一,原则性强

"原则"对于1号管理者来说是重要的工作指导标准。他们在工作中始终遵守原则,公平地对待每个团队成员,对就是对,错就是错。他们能始终如一地带领团队坚持遵守规则并以身作则。

(4)洞察力强,纠错专家

1号管理者追求更好、更精准,力求完美,他们竭尽全力地避免错误。本能的天赋让他们在杂乱和无序中找到问题,在美好中找到瑕疵。他们在面对错误或瑕疵时,局部问题会取代全局性思考,必须快速解决当下的错误后,思维才能回到全局。

(5)诚实可靠,中正自律

1号管理者通常都是通过自己的诚实可靠、脚踏实地、努力奋斗才一步步提升到管理岗位上的。成为管理者后,他们除了继续严于律己之外,对待下属与工作也始终秉持中正、公平的态度。

(6)注重实践,每日三省

1号管理者尽职尽责,注重实践,具有较高的道德水准。他们会时时刻刻自我反省、自我检讨是否持守规则与原则,并不断地改善与改进,成为更好的自己。

1号完美型管理者的局限

（1）反应过度
1号管理者总是在思考如何做正确的事，过多的道德束缚阻碍了真正的感觉、人性的柔软。他们嘴上总是挂着"应该""必须""一定"。

（2）过分追求完美而延迟行动
1号管理者经常因为执着于细节、追求更好而延迟行动，他们认为总有更好的方法可以把事情做得更出色。

他们带领团队反复检查数据、方案，确保没有瑕疵、万无一失。他们太渴望精准地布局好一切，让每一次行动都精准无误，不会因为计划不周而产生偏差。深陷于"寻找最好的解决方式"导致延误了快速行动的时机，同时，这种工作方式也让其他人感到疲惫不堪。

（3）被批评时自动化防卫
1号管理者极力追求完美，力求做对每一件事。当问题、错误出现时，他们会有强烈的自责心理，如果此时再被批评（批评是客观的），他们会加重自责并处于压抑的状态，影响工作效率。如果批评是不客观的，他们会愤怒地直言反击。

（4）较少注重自己的深层愤怒
1号管理者认为：自律与情绪控制是非常重要的。他们经常会用强制性工作来压抑自己的不良情绪，忽略自己生气的事实。他们不允许自己处于糟糕情绪中，因为这是不职业的，会失去中正与客观的立场。

（5）过分关注细节，控制欲强

1号管理者过分关注细节，做事往往只考虑唯一正确的方式，非黑即白、非对即错，是非太分明，没有灰色地带，容易让下属感觉缺少人情味、没有灵活性、控制欲太强。

（6）固执己见，变通性差

"非黑即白"的思维模式让1号管理者非常容易做出要么"肯定"要么"否定"的决定。他们不希望工作中有模糊地带，认为一切都要清清楚楚。他们认为答案只有两种——"对"或者"错"，模糊本身就是错误，众多的可能性意味着没有决定。一旦做了决定，他们就会执着于决定的执行，缺少变通性和调整性。

1号完美型管理者的六维领导力素质修炼

请以你对1号完美型管理者的了解，给他们的六维领导力用"5—4—4—3—3—3"的标准打分，然后看一下专业研究团队对1号完美型管理者的六维领导力是如何打分的（见图11-1）。

组织力：5分

1号管理者是九种性格中最强调制度、规则、流程与组织架构的管理者，他们执着于按流程办事，按部就班；他们在工作中推崇对事不对人。所以1号管理者的组织力为5分。

第 11 章 腹区 1 号完美型性格领导力提升

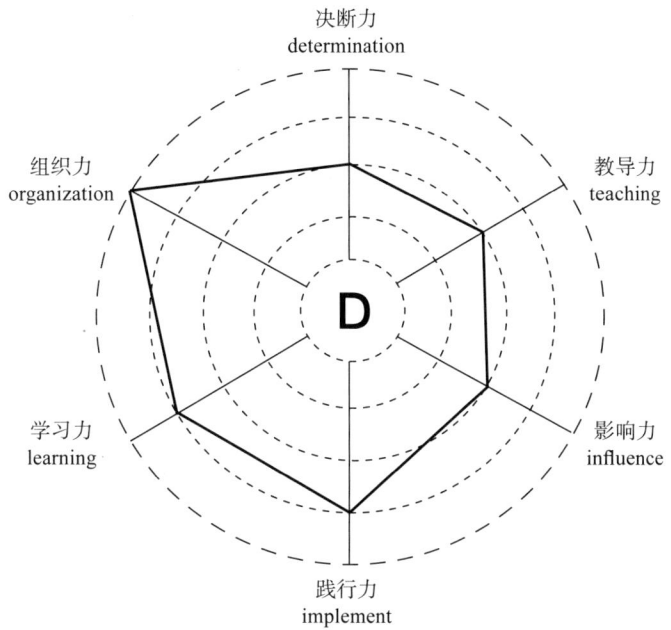

图 11-1　1 号完美型管理者的六维领导力

学习力：4 分

1 号管理者追求完美，相信没有最好只有更好。他们坚信：不断学习与精进是能够成为更好的唯一方法。所以 1 号管理者的学习力为 4 分。

践行力：4 分

1 号管理者严格遵守按计划行事。当目标明确、责任明确、计划详尽的时候，他们的执行力是一流的。所以 1 号管理者的践行力为 4 分。

影响力：3分

1号管理者不太会主动去说服下属，他们过多依赖于制度与流程，制度与流程代表着硬性影响力。而代表人文关怀的柔性影响力在1号管理者身上体现得不明显。所以1号管理者的影响力为3分。

教导力：3分

1号管理者追求完美是没有错的，但在追求完美的过程中过于严肃、严苛，导致下属感到压抑、不敢主动沟通。所以1号管理者的教导力为3分。

决断力：3分

1号管理者过分强调细节，甚至因为过度追求细节呈现出优柔寡断的情况，导致错失做决策的最佳时机。所以1号管理者的决断力为4分。

综上，1号管理者提升领导力有三大方向。

第一，善补不足。

在影响力、教导力或者决断力中找出自己的最弱项（甚至3分都不足的项），通过相应的方法将其补到3分以上。

第二，发挥优势。

组织力是你的强项。用你坚信的"原则"与"规则"带领团队切实行动，创造最佳结果，给团队领导力创造价值。

第三，借力互补。

譬如，如果觉得自己的影响力不足，那就要有意识地选择在人文关怀与情商方面是强项的搭档，从而达到互补的效果。

管理激励 1 号完美型下属的五个技巧

以下总结了在职场中管理激励 1 号完美型下属的五个技巧。

公正、公平地对待他们的付出

公平、公正是 1 号下属始终持守的原则，他们既不希望不劳而获，也非常不喜欢被不公正对待，他们坚信"一分耕耘，一分收获"。

欣赏他们的高标准、重细节与执行力

1 号下属追求完美，相信"细节决定成败"，对任何小错误、小闪失、小纰漏都非常敏感并积极改善。

他们渴望在优秀的团队中发挥自己的能力，并做出自己的贡献。如果团队中的伙伴们都训练有素、积极主动，他们也会积极努力地工作。他们欣赏积极的工作态度，当他们感到棋逢对手，感到自己的能力和付出能够与自己尊敬的人相媲美时，他们的潜能可以得到最大程度的发挥。

给予明确的指导和具体的责任分工

1号下属尽力避免犯错,也不会去承担不属于自己的过错。如果是自己本职工作的错,他们会自责并主动承担过失,积极弥补,也会要求自己做到"不贰过"。明确的指导和具体的责任分工是1号下属非常乐意看到的工作情形,这会让他们感到安全并积极行动。

赏识他们的技能和优点

1号下属希望自己的技能和优点能够得到赏识。他们不是积极主动要求被看见的下属,他们认为优秀的上司一定能主动发现自己的优点并给予认可。

如果没有得到认可,1号下属可能会把愤怒发泄在一些细小的事情上,或通过发现他人的过错来安抚自己。

欣赏他们信守承诺与承担责任的品质

1号努力地追求正确的行动。在信守承诺和承担责任方面,他们是值得信任的。他们尽力让一切都走在正规的轨道上,没有偏差,这是承诺也是责任。他们注重"正确"的原动力是自我价值的实现,并不是期冀他人的表扬或利益回报。"做正确的事"与"正确地做事"是做人、做事的准则以及对自己的回报。他们严格要求自己,以实际行动激励、鼓舞他人,让他人看到一项工作该如何正确地完成以及完成后的满足与愉悦。他们努力付出、精益求精,这让他们在生活、工作中独立、有自尊。

1号完美型商界名人之经典语录

许世辉　达利食品有限公司董事长

• 我没有考虑竞争对手的问题,我只考虑怎样把我的企业做好。我把企业做好了,谁都不是我的竞争对手;我如果没有把企业做好,到处都有我的竞争对手。

王永庆　台塑集团创办人

• 追求舒适与快乐的代价,就是刻苦耐劳。
• 瘦鹅理论:忍饥耐饿、坚韧不屈,等待机会的到来。
• 制定让员工有切身感的管理制度,发挥员工最大潜能。

自测：1号完美型管理者的性格领导力测评

1. 自我觉察以下两个问题：

（1）凡事必须遵照正确的方式和标准，对你来说有多重要？请举例说明。

（2）你是如何看待不断要求自己进步或追求完美的？你会怎样要求自己做到？请举例说明。

2. 如果你自己就是1号完美型管理者，请给自己画出六维领导力雷达图。如果不是，请给身边一位疑似1号的管理者画出他的六维领导力雷达图。打分标准为：最高分5分，最低分1分。

第 12 章
性格领导力与卓越团队打造

事业兴旺,需要黄金搭档。

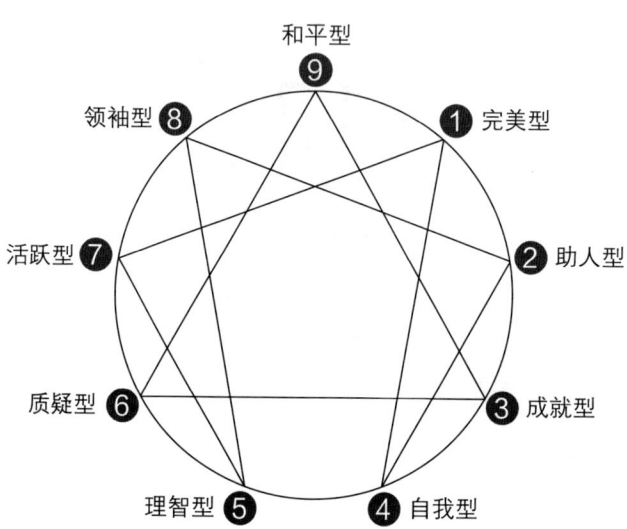

第 12 章　性格领导力与卓越团队打造

从九型智慧看团队发展阶段模型

对团队发展的研究属于组织行为学的范畴。组织行为学综合了管理学、心理学、生理学、生物学、社会学、文化人类学、经济学以及政治学等学科，研究有关人的行为的知识与理论，去发现组织中人的行为规律。

有关团队发展规律的研究，最有代表性的当属美国管理学家布鲁斯·塔克曼（Bruce Tuckman）的团队发展阶段（Stages of Team Development）模型。塔克曼先生在他的团队发展阶段模型中提出任何团队的发展都有五个阶段：组建期（forming）—激荡期（storming）—规范期（norming）—执行期（performing）—休整期（adjourning）。

他认为团队在发展的过程中，上述五个阶段都是必须的、不可逾越的。团队在成长、迎接挑战、处理问题、发现方案、规划项目、处置结果等一系列过程中必然要经过以上五个阶段。

如何运用九型智慧来配合塔克曼先生的理论，将团队变得卓越呢？接下来我们一一对应来运用。

组建期

在组建期，主要工作是团队酝酿，形成测试。测试的目的是辨识团队的人际边界以及任务边界。通过测试，建立起团队成员的相互关系、团队成员与团队领导之间的关系等。

从九型智慧的角度，我们会强调一个团队人际相处观点：性格相似适合做朋友，性格相反适合做事业。在一个团队组建期首先必须确认团队"核心"，应该尽量避免"两套马车"甚至"三套马车"的现象。当核心确定了，再围绕这个核心来打造一个同心同德的领导集体。组建期的领导集体需要重点注意两点，一是大家理念要相同，二是性格要互补。

在组建期，团队的管理者更多运用的是"命令指挥式"领导风格。

激荡期

在激荡期，团队的主要表现是：团队获取了团队发展的信心，但是存在人际冲突、分化的问题。团队成员面对其他成员的观点、见解，更想要展现个人性格特征。对于团队目标、期望、角色以及责任的不满和挫折感被表露出来。

激荡期的冲突是很好理解的，因为在组建期，我们强调了团队成员的性格互补，性格互补就意味着性格不同，性格不同就意味着看同一件事情的角度不同，角度不同导致的分歧与冲突就不可避免。但这个时候只要每个团队成员都明白一个道理——冲突的目的是"达成共识"，就不会出大问题，因为大家表达的不同意见都是为了团队的共同目标。我们把这种为了共同目标的冲突称为：良性冲突。

在激荡期，我们的建议是：团队只需要设定内部运作的红线与底线，暂缓设定详细的规则与流程，过早制定详细的规则容易导致根本性的团队矛盾暴露不出来，规则与流程应该是在激荡的过程中把团队的"核心价值观"建立后再思考的事情。

在激荡期,团队的管理者更多运用的是"支持式"领导风格。

规范期

在规范期,团队的主要体现是:团队建立了共同的价值观,然后在此基础上一一确立团队规则、流程、工具、方法、行为,让团队进入规范阶段。

在规范期,团队的管理者更多运用的是"教练式"领导风格。

执行期

在执行期,团队的主要体现是:项目团队运作如一个整体;工作顺利、高效完成,没有任何冲突,不需要外部监督;团队成员对于任务层面的工作职责有清晰的理解;没有监督,员工自治,即便在没有监督的情况下自己也能做出决策;随处可见"我能做"的积极工作态度,团队成员互助协作。

在执行期,团队的管理者更多运用的是"授权式"领导风格。

休整期

休整期指的是团队任务完成,团队解散。

休整代表解散,这是布鲁斯·塔克曼的团队发展阶段模型中一个有待商榷与改善的细节。从九型智慧的角度来看,休整期有两种可能的情况,其中一种确实是任务完成团队解散;另一种则可能是,团队发展轨迹不一定像塔克曼的描述那样，是线形的，而是循环式的。如果团队在面对外界环境出现了大的变化时需要做出思维的调整甚至是团队的重组，以便继续完成目标或者去挑战更大的目标，这时候就会出现"不换脑筋就换人"的做法，然后进入下一个循环。

另外，从九型智慧看团队发展阶段模型的角度，人才的适配是团队健康发展的根本，在人才适配上的方法与技巧我们在下一节具体说明。

九型智慧与卓越团队打造实战

让适合的人做适合的事

不管是"事业兴旺，需要黄金搭档"，还是"一个好汉三个帮"，都告诉我们，一名管理者在带领一个团队去创造绩效的过程中识人、育人、用人的重要性。

曾国藩在他的《冰鉴》一书中强调："宁可不识字，不可不识人。"并且他还写道："成大事者，以多得助手为第一要义。"

西方管理理论大师彼得·德鲁克在他的《21世纪的管理挑战》一书中写道："提高效率的第一秘诀就是要了解做事的人，并善于利用他们的优势、工作方式和创造的价值。"

西方管理实践大师杰克·韦尔奇，在一次商业大会中有一段经典的七问七答——

问：请您用一句话说出通用电气公司成功最重要的原因。

答：是用人的成功。

问：请您用一句话来概括高层管理者最重要的职责。

第 12 章　性格领导力与卓越团队打造

答：把世界各地最优秀的人招揽到自己身边。

问：请您用一句话来概括自己最主要的工作。

答：把 50% 以上的工作时间花在选人用人上。

问：请您用一句话说出自己最大的兴趣。

答：发现、使用、爱护和培养人才。

问：请您说出自己为公司所做的最有价值的一件事。

答：是在退休前选定了自己的接班人。

问：请您总结一个重要的用人规律。

答：一般来说，在一个组织中，20% 的人最好，70% 的人是中间态，10% 的人是最差的，这是一个动态曲线。一个善于用人的管理者，必须随时掌握那 20% 和 10% 人的姓名及职位，实施准确的奖惩措施，进而带动中间状态的 70%。这个用人规律，我们称之为"活力曲线"。

问：请您用一句话概括自己的领导艺术。

答：让适合的人做适合的工作。

杰克·韦尔奇"七问七答"的最后一答——让适合的人做适合的工作，这应该是管理者用好人才的高度概括。但"让适合的人做适合的工作"只是一个观点，怎样把管理观点转化为实际方法呢？我们提出了"人才适配五度对照"，请参考图 12-1。

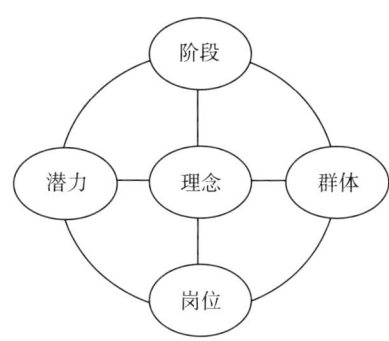

图 12-1　人才适配五度对照

人才适配的五度对照具体要求如下。

（1）理念——文化认同，荣辱与共

志同道合是团队共同奋斗的基础。所谓文化认同，就是大家需要在"团队价值观"中达成共识，这样才有可能荣辱与共。

（2）阶段——阶段适配，恰到好处

一个团队在不同的阶段需要不同的人才。一个团队千万不能在只有能养"乌龟"的池塘时硬去请"海龟"，否则"海龟"水土不服是必然的。

（3）岗位——岗位适配，人岗合一

通过前面的学习，我们已经明白了任何人都是有天赋和优势的。人力资源畅销书《现在，发现你的优势》中特别强调两个观点：

第一，每个人的才干都经久不变、与众不同。

第二，每个人的最大的成长空间在于其最强的优势领域。

简单理解，有些岗位需要"动"的优势，而有些岗位需要"静"的优势。岗位适配、人岗合一是用人的领导者需要去思考的事情。

（4）潜力——潜力适配，职业定向

在一个组织中大概有几个重要的职业方向，如管理方向、技术方向、销售方向等。管理者根据下属的优势与特点，做到潜力适配、职业定向也是必要的。

（5）群体——团队适配，优势互补

团队适配、优势互补是性格领导力尤其强调的观点。我们前面重点说明了任何型号的管理者在提升自我领导力时，第三步都是"借力互补"。

如何做到借力互补

接下来我们重点说明一下在"借力互补"上如何运用九型智慧做到"两个提倡"与"一个避免"。两个提倡是——提倡"脑心腹的互补"与"红蓝绿的互补"，一个避免是——避免"高危组合"。

为什么会有"两个提倡"与"一个避免"的建议？作为一名职业培训师与企业教练，我被问到最多的一个问题是："如何才能打造一个理想的团队？"海伦·帕尔默也谈过此问题，她的回答是："找到心智成熟的人。"

找到心智成熟的人，讲起来简单，做起来实在太难。因为"心智成熟"是家庭教育、学校教育、社会教育影响的结果。按心理学心智成熟的标准可能会出现无人可用的境况。所以，管理者要考虑的是，如果员工的心智成熟度不够，又该怎么办？

我们都明白，理想团队的标准重点有两个。

一是，在目标一致的基础上，团队成员的优势形成互补。譬如，"西游记团队"就属于理想团队，唐僧的意志力、孙悟空的执行力、猪八戒的幸福力、沙僧的包容力就是优势互补的。

二是，在目标一致的基础上，团队成员的个人核心追求不会产生冲突，导致内耗。还是以"西游记团队"为例，唐僧追求完美，孙悟空追求被认可，猪八戒追求快乐，沙僧追求被接纳。各自的个性化追

求不容易与团队成员产生内耗。

根据上面的两个标准,我们的"两个提倡"与"一个避免"建议如下。

(1) 第一个提倡的团队组合:"脑心腹的互补"组合

我们现在已经非常明白,脑区代表智慧与理性,心区代表仁爱与感性,腹区代表力量与惯性。而一个卓越的团队应该同时具备这三个区的特质与能量。譬如,三国时的刘备团队,最初的桃园三结义组合就缺一个区的能量。刘备凭"仁爱"与"哭"两大特质,应该是2号无误;关羽各方面都要争第一,人帅武功好,特别注重自己的形象与品德口碑,归为3号应该争议不大;张飞的行事风格简单直接粗暴,气势如虹喝断当阳桥,归为8号应该准确无误。两个心区一个脑区的三人组合确实取得了比单打独斗更好的成绩,但总是干不成大事,还经常被别人撵着跑。最后直到脑区的5号诸葛亮加入进来,才有了质的飞跃。这就是"脑心腹组合"的威力。

简单理解,通常情况下,同区三人的组合一般不及跨区三人组合的战斗力,因为不能形成优势互补是团队组合的大忌。

(2) 第二个提倡的团队组合:"红绿蓝的互补"组合

一个有战斗力的团队往往都由 RGB 三原色(红、绿、蓝)的文化元素组成,红色元素代表团队的激情与创新,绿色元素代表团队的和谐与关系,蓝色元素代表团队的智慧与理性。

从组织行为学的角度来解读九型人格,我们会发现,3号、7号、8号可以归到激情与创新的红色,2号、4号、9号可以归到和谐与关系的绿色,1号、5号、6号可以归到智慧与理性的蓝色。

我们很难想象如果一个团队中"领导集体"组合都是一种颜色,

会是什么局面？全红的局面有两大突出特点——只攻不守，争权夺利；全蓝的局面有两大突出特点——理性叠加，行动受阻；全绿的局面有两大突出特点——和气一团，狼性不足。

在这方面其实有很多的商业案例，失败的商业案例当属聚美优品的陈欧+刘惠璞组合，我们研究团队的研究结论是，这两位都疑似红色3号，不但同颜色，而且同区同型，结局可想而知。

RGB三原色组合成功的商业案例有：

格力朱江洪6号（蓝）+董明珠8号（红）+其他组合。

微软比尔·盖茨5号（蓝）+史蒂夫·鲍尔默8号（红）+其他组合。

（3）一个需要避免的组合

从组织行为学的角度，运用九型智慧打造团队需要做到的"一个避免"是什么呢？

在九型人格的研究中发现了一个特殊的"三元组"——能力理智组、情绪敏感组和积极正向组。

能力理智组（1号、3号、5号）——这三个型号的团队伙伴都容易以目标、计划、流程、效率、结果为注意力的焦点。他们还有一个最大的特点是——对情绪的处理风格非常接近，1号控制情绪，3号搁置情绪，5号隔离情绪。这样组合起来的团队特别容易完全"对事不对人"，导致团队没有"人情味"，所以，这样的团队能做事，但幸福指数太低，凝聚力不够。

情绪敏感组（4号、6号、8号）——三个型号的团队伙伴都是对情绪极其敏感的，6号的外显恐惧，4号经常整个人都在情绪的海洋里，8号则会发泄愤怒。如果这样的三人组合在一起，容易每个人都活在各自的情绪中，很难理性和有计划地开展工作，取得业绩。

积极正向组（2号、7号、9号）——这三个型号的团队伙伴在面对事情时都容易以一种乐观的心态去看待。2号用一种"虚假的丰盈"呈现乐观，7号用一种"合理化"来呈现乐观，9号用一种"时间会解决一切"的被动心态来呈现乐观。而事实上在团队的发展中还是会遇上很多真正的麻烦，并不是所有的麻烦都能用积极正向的心态解决的。

所以，我们在打造卓越团队的过程中，既要寻找黄金搭档，又要避免组合陷阱。

后　记

性格领导力升华

市面上有一本《做官要学曾国藩经商要学胡雪岩大全集》的书,据说这本书的书名成了很多人的口头禅,我觉得这不是一件好事。

学曾国藩无可厚非,因为曾国藩的人生堪称"圆满",他圆满的秘籍是知道"知止"。

但学胡雪岩就未必是好事,胡雪岩的后期是非常"不知止"的,贪念太多终毁英名。

本书一直强调任何性格类型的管理者提升领导力水平都有三步。

第一步:小智善补不足。

第二步:中智发挥优势。

第三步:大智借力互补。

不管是曾国藩也好，胡雪岩也罢，能有如此让人羡慕的成就，这三步肯定都做得不错，为什么最后的结局却相差如此之大呢？这就是我们要去思考的性格领导力升华的第四步：高智知止控能。

"高智知止控能"，大白话就是"见好就收"，或者叫"激流勇退"。

检验一部顶级好车不仅要看油门加到底能开多快，还要看跑到最快时能否安全"刹车"。

同理，检验一位管理者性格领导力的升华智慧，不仅要看他创造了多少绩效与财富，还要看他面对这些绩效与财富的心态。被尊称为"商圣"的陶朱公就是"高智知止"的典范。

陶朱公，就是鼎鼎大名的范蠡，他还用过一个超级怪名：鸱夷子皮。接下来我们就以陶朱公的用名顺序——范蠡—鸱夷子皮—陶朱公，看看他是如何"高智知止"的。

公元前 492 年，越王夫妇前往吴国为奴，勾践本想带文种，范蠡却执意随之前往。范蠡的理由是："国境以内，治理百姓的事，我比不上文种，在国境以外，对付敌国，需要当机立断的事，文种比不上我。"事实证明范蠡是多么地"知人者智，自知者明"。

公元前 473 年，吴王夫差自杀，吴国灭亡，越王勾践成为春秋时期最后一个霸主。在庆功宴上，越王大肆犒劳功臣，但范蠡的座位是空的。范蠡走了，走之前，他给文种留下了一封信："飞鸟尽，良弓藏；狡兔死，走狗烹。越王为人长颈鸟喙，可与共患难，不可与共乐。子何不去？"读完信的文种不以为然。然而，文种最终被听信谗言的越王赐了一把宝剑，只得用该剑自刎而亡。

多年后，齐国请了一个叫鸱夷子皮的能人做丞相。这个人虽已年近古稀，却鹤发童颜神采奕奕，将齐国治理得井井有条。

后记　性格领导力升华

齐国国君眼看称霸有望，正高兴，却收到鸱夷子皮的辞职信，辞职的理由让齐王无法拒绝——陪老婆安度晚年。齐王无奈，只得放行。

鸱夷子皮带着家人搬到宋国，在陶邑定居下来。改名为陶朱公。

陶朱公喜好黄老之道，用计然（范蠡的老师）之术。他根据时节、气候、民情、风俗等，奉行"人弃我取、人取我予，顺其自然、待机而动"的准则，没过几年便成为巨贾。

现在看来，陶朱公范蠡确实是"高智知止""激流勇退"方面的典范。因此，如果"做官与经商"只学一个人的话，那非陶朱公范蠡莫属。

"高智知止"同样适用于所有管理者在性格领导力方面的升华。

有人说："人的欲望是永无止境的，人容易利用权势把它填满，如果现在不能对此有戒心的话，将来不知道哪一天，说不定会失去人所建立的一切。"

所以，管理者在面对欲望时，所想的应该不是如何满足，而是知足！

致　谢

这是我的第三本书。说实话，写书是一件很考验人的事情。这么考验人的事情如果不是有一大批人的支持，我想自己肯定很难坚持下来。借此机会表达一下感谢之情。

感谢我的太太夏侯建芬，没有她在生活上的后勤支持与保障，我根本不可能安心教学与写作。另外，她因为爱屋及乌，也是九型人格的忠实拥趸，她更大的功劳是站在与我不同型号的角度，不断提醒我在研修九型人格过程中进行中正与接纳。同时感谢我的女儿思媛、儿子思杰。他们俩是我最好的近距离观察的型号人版，也是我"九型人格与亲子教育"课程最现实的教学素材，更让人欣慰的是姐弟俩也对九型人格学问非常感兴趣。

感谢我们卓师会的所有家人，特别是我的师父杨

致谢

思卓先生和我的师姐林海老师，感谢他们不管是在学术还是在写作方面的全力支持。

感谢九型人格全球学会EPTP的所有老师和工作人员，特别要感谢海伦·帕尔默、戴维·丹尼尔斯、彼得·奥多诺休（Peter O'Hanrahan）以及蔡敏莉四位导师的教导。感谢钻石之道体系的费萨尔·曼可达（Faisal Muqaddam）、巴克塔·奥克斯林（Bhakta Oechslin）、阿曼娜（Amana）三位导师的教导。感谢苏菲九型的谢赫·布汉努丁（Sheikh Burhanuddin）、哈米达（Hamida）两位导师的教导。

感谢我在EPTP认证过程中的督导王依凡的指导与支持，感谢师姐李静、师兄李蕴麒提供的支持与帮助。

特别要感谢的是与我一起认证EPTP导师牌照的另外十位九型导师的相互支持与陪伴，他们分别是韩林语、韩公元、林士群、高源、万里、栾佩洁、黄晓鸥、陈银廷、袁燕和陈海霞。特别怀念当时大家在一起疯狂学习与疯狂练习的日子。

感谢选择我作为督导进行EPTP导师认证的七位九型人格导师，因为在督导这些导师认证的过程中，我的抽离能力提升了。他们分别是辛韦唯、黄蕾、林子钰、林涛、王沁和、万怡君、汤漫。洛杉矶督导汤漫的现场认证过程，尤其给我留下了非常特别的回忆。

感谢嵘思享九型人格研究院所有"嵘导师"的支持与陪伴。我在与他们的交流与互动中得以更加直观与立体"看见"每个型号。他们是1号嵘导师陈林、2号嵘导师栾坤元、2号嵘导师左学敏、3号嵘导师刘欣、3号嵘导师温婷、3号嵘导师吴琪、4号嵘导师郭雪飞、5号嵘导师耿涛、5号嵘导师邓志荣、7号嵘导师张弛、7号嵘导师梁琨、7号嵘导师胡晓、8号嵘导师董红梅、9号嵘导师郝少杰、9号嵘导师马丽娜。

感谢国际九型人格协会中国分会主席熊淑宜导师的提携与支持。

感谢 EPTP 认证导师张赢的支持与认可,特别是她作为企业家兼九型人格导师的特殊角色,为我提供了大量鲜活的案例与交流的平台。

感谢中国九型人格网的沈有道总经理的支持与配合。

感谢 EPTP 认证导师王丽红的学术交流与支持。

感谢师兄李博文的互动与交流。与他的交流让我彻底体会到哪怕学术角度与观点不一定相同,也不妨碍彼此坦诚的沟通与尊重。

感谢与我组成培训师三人行的潘鹏与岳阳,感谢这十多年来我们仨一直相互的支持、鼓励、提携、共进。

感谢所有合作过的平台、企业以及商学院,特别感恩中商国际管理研究院、北大汇丰商学院、聚成股份、华师经纪、北京 BOSS 商学院、醒醒学堂的大力支持与包容。

感谢所有在线下与线上交流过的九型学员与爱好者们。

感谢时代光华的所有同人对本书的付出,特别要感谢文钊老师、王靖雯老师、许宏老师、陈正侠老师几位的支持与建议。

最后感恩我的父母一直对我的祝福与理解,我就将自己的成长作为对父母养育之恩的回报吧!

参考文献

1. ［美］海伦·帕尔默著．徐扬译．九型人格［M］．北京：华夏出版社，2006．

2. ［美］海伦·帕尔默著．徐扬译．职场和恋爱中的九型人格［M］．北京：华夏出版社，2007．

3. ［美］海伦·帕尔默著．路本福，蒲文玥译．九型人格：职场高品质沟通的艺术［M］．北京：北京联合出版公司，2016．

4. ［美］克劳迪奥·纳兰霍著．杨宁，彭淦，张志华译．九型人格进阶版：27种性格类型的自我成长之旅［M］．贵阳：贵州人民出版社，2020．

5. ［美］尼尔·唐纳德·沃尔什著．李继宏译．与神对话［M］．上海：上海书店出版社，2009．

6. ［美］保罗·赫塞著．麦肯特企业顾问有限公司译．情境领导者［M］．北京：中国财政经济出版社，2002．

7. ［美］彼得·德鲁克著．许是祥译．卓有成效的管理者（珍藏版）［M］．北京：机械工业出版社，2009．

8. 杨思卓著．领导力3.0［M］．北京：北京联合出版公司，2020．